Hernandes Dias Lopes

PENTECOSTÉS

EL FUEGO QUE NO SE APAGA

© 2018 por Hernandes Dias Lopes

Traducción
Juan Carlos Martinez

Revisión
Javier Humberto Martinez

Portada
Operis

Diagramación
Operis

1ª edición - Agosto de 2018

Editor
Juan Carlos Martinez

Coordinador de producción
Mauro W. Terrengui

Impresión y acabados
Imprensa da Fé

Todos los derechos reservados para:
Editorial Hagnos Corp.
9382 -9398 NW 101 ST,
MEDLEY FL 33178 U.S.A.
http://www.editorialhagnos.com
E-mail: juan@editorialhagnos.com

Catalogación en la Publicación (CIP)

Lopes, Hernandes Dias,
Pentecostés: el fuego que no se apaga / Hernandes Dias Lopes — Miami: Editorial Hagnos 2018.

ISBN 978-85-7742-222-7

1. Espíritu Santo 2. Pentecostés 3. Reavivamiento (Religión) 4. Vida cristiana I. Título

---

17-1308 CDD 248.4

Las puntuaciones de catálogo sistemático:
1. Avivamiento espiritual : Espíritu Santo : Vida Cristiana

DEDICATORIA

Dedico este libro a todos aquellos que, en esta patria amada, han buscado con sinceridad, esmero, ardor y fidelidad en las Escrituras un avivamiento genuino, sin dejarse amedrentar por la oposición de algunos y sin perder el rumbo por el desvío de otros.

CONTENIDO

Prefacio 7

Introducción 11

1. La necesidad de un Pentecostés 15
2. Las causas del Pentecostés 37
3. El contenido del Pentecostés 55
4. Los resultados del Pentecostés 95

Conclusión 123

PREFACIO

¿Cuáles son las razones por las que una persona decide leer un libro?

¡Ah¡ Amigo mío, existen tantas que, como dice el dicho, ¡algunas hasta la propia razón las desconoce! Sin embargo, sospecho algo: algunos escojen por la tapa atractiva; otros, por el asunto que el libro aborda; aún otros, más por el nombre del autor; hay quienes solamente leen si es recomendado por un amigo de confianza.

Por lo general, yo escojo lo que voy a leer por el autor y el asunto.

Cuando recomiendo la lectura de este libro, *Pentecostés, el fuego que no se apaga*, estoy entusiasmado con el asunto. ¿A quién no le gustaría ver su iglesia más calientica? ¿Aquella iglesia fervorosa, que intercede, evangelista, unida, misionera, generosa? ¿Cómo necesitamos iglesias así?, ¿no es verdad?

Pentecostés, el fuego que no se apaga es un llamado al despertar espiritual individual y, como consecuencia, comunitario.

Vivimos días de muchas alegrías, dolores y tristezas en el medio evangélico latinoamericano. Es motivo de regocijo el crecimiento significativo de algunos sectores de la iglesia, pero con dolor observamos el decrecimiento numérico de otros ramos de la misma iglesia. Al lado de eso hemos sufrido el impacto de una creciente onda de escandalos: adulterios, divorcios y separaciones se vuelven una rutina aún dentro del liderazgo pastoral de la iglesia; reuniones de oración vacías; prosperas reuniones en busca de la prosperidad; mucho discurso y palabrería, y poca santificación; ataques malignos de muerte realizados contra pastores y familias pastorales; líderes con más experiencia oprimidos y cerrando las puertas a líderes más jóvenes y de corazon apasionado; pastores y líderes laicos desanimados y sin mucha esperanza de refrigerio y de la visitación del Espíritu Santo; el adversario deseando robar, matar y destruir, en paralelo con cierta indiferencia y paralización del pueblo de Dios.

Pentecostés, el fuego que no se apaga es un libro para el que tiene sed de Dios y no acepta ver su vida espiritual y su iglesia local involucradas en marasmo y debilidad.

Cuando pienso en escritores, recuerdo aquellos cuyos libros compró constantemente, independientemente del asunto sobre el cual hayan escrito. Me gusta el estilo y siempre busco saber sobre el carácter y la vida del autor.

Hernandes Dias Lopes es de esas personas que todos los que desean crecer en cualquier área de la vida tienen que tener cerca, sea como consejero, amigo, huésped, anfitrión, compañero de viaje, escritor, conferenciante, bien como pastor.

Él cree en lo que escribe. Él busca vivir lo que escribe. Él es un creyente serio. Es de buen corazón. ¡Él es de Dios! ¡Su familia es preciosa, hermosa, una pura bendición!

Por lo tanto estimado lector, usted está en excelente compañía.

¡Anímese!

En las páginas siguientes usted va a empezar una linda caminata y va a ver cuán bellos frutos van a aparecer en su vida.

Jeremias Pereira da Silva
Pastor titular de la Octava Iglesia
Presbiteriana
de Belo Horizonte, MG, Brasil

INTRODUCCIÓN

Dos obstáculos se interponen en el camino de un despertar espiritual genuino: el primero es la experiencia mística, lejos de la Biblia, como normatización de vida; el segundo es la erudición teologíca sin la unción del Espíritu Santo y sin piedad.

Hoy en día muchos tras de experiencias, prodigios y señales. Buscan un calmante, una anestesia que mitigue sus tensiones del momento. Comunidades enteras son sometidas a rituales y proyecciones, en cultos de arrebatamiento emocional, en los cuales las personas despegan en las alas de la histéria colectiva y de fuga y viajan por los continentes de la ignorancia. Algunos hasta consultan la Biblia, pero de manera equivocada, pues no contextualizan su mensaje, no hacen exegesis del texto ni la estudian bajo las leyes de la hermenéutica sagrada. La abren como una lotería, la consultan como si fuera un libro mágico. Otros creen que la Biblia tiene poder para exorcismos. La dejan abierta en el Salmo 91, en la cabecera de la cama, para espantar espíritus malos y proteger al hogar de los peligros altaneros. Usan la Biblia, pero no retienen su mensaje. Cargan la Biblia, pero no disciernen la voz de Dios. Escuchan el sonido ruidoso que brota del corazón, pero no oyen la voz de Dios que emana de su Palabra.

No obstante, otros examinan las Escrituras con los lentes del racionalismo, con los lentes de la teología liberal, y hacen una lectura equivocada de la Palabra de Dios. El liberalismo ha matado muchas iglesias. Donde llega, la iglesia muere. Donde los hombres tratan la Biblia con desdén, negando su inerrancia e infalibilidad, la iglesia se debilita y pierde su vigor. Europa, la cuna del protestantismo, hoy es un continente pos-cristiano. El liberalísmo teológico subió a los salones de clase y esparció su veneno mortal. Seminarios que antiguamente formaron teólogos y misioneros, pastores, se volvieron cuarteles generales del escepticismo. Los púlpitos dejaron de anunciar el evangelio, para sembrar en el corazón del pueblo la semilla maldita de la incredulidad. Las iglesias, barridas por esa ola perversa, menguaron, se deshidrataron y perdieron su vigor. Hoy, los templos están allá, pero desocupados. La secularización entró a la iglesia y los creyentes se fueron. En los Estados Unidos hay muchas iglesias llamadas "iglesias muertas". Grandes templos, un patrimonio rico, pero las personas no están más allí. Esa amenaza dañina ya llegó a América Latina. Muchas iglesias ya sucumbieron a su influencia dañina.

En este tiempo de confusión, apostasía y sincretismo, es necesario trabajar de manera ardua para rescatar la centralidad de la Biblia. Es necesario cuidar la erudición bíblica, sin dejar a un lado la piedad. Es necesario repudiar el fanatismo y el emocionalismo histérico, sin dejar de resistir de igual manera al teologismo estéril. Estos dos extremos, aunque hacen mucho ruido, no producen resultados que dignifican el nombre de Dios. Son truenos sin lluvia, hojas sin frutos, apariencia sin realidad, obstáculos al verdadero despertar espiritual.

La iglesia cristiana necesita con urgencia una restauración. Ya no causa más impacto en la sociedad. La iglesia está perdiendo su autoridad. ¿Qué debemos hacer? Al fin del siglo 17 e inicios del siglo 18, la iglesia empezó a sentir que estaba perdiendo su autoridad. Entonces decidió inaugurar una nueva serie de charlas con el objetivo de defender la fe cristiana y producir un sistema de argumentación y apologética en la defensa de la fe. Pero no fueron las charlas de Boyle ni las obras de Butler que reestablecieron la posición de la iglesia y restauraron su antigua autoridad; fue por medio del derramamiento del Espíritu Santo en la vida de George Whitefield y John Wesley, en Inglaterra, y de Jonathan Edwards, en Nueva Inglaterra, que eso sucedió. Un poderoso avivamiento barrió a Inglaterra, arrancando de los escombros una iglesia sin vida. Lo que la charlas no pudieron hacer, el Espíritu Santo lo hizo, usando hombres llenos de la Palabra y del Espíritu Santo.

Al comienzo del siglo 19, la iglesia, sintió una vez más pérdida de poder. ¿Qué hacer? Le dieron más autoridad al predicador. Lo alejaron de las personas. Le pusieron un manto de autoridad. El predicador debía vestirse de manera diferente. Lo alzaron a un lugar más alto, el altar. De esa manera las personas escucharían. Pero el cambio sólo vino cuando el avivamiento explotó en América, en 1857, y en el País de Gáles, en 1859. Fue Dios interviniendo con su Espíritu, y no los intentos de los hombres que levantaron nuevamente la iglesia.

En ese tiempo, los predicadores no cambiaron sus mensajes, sino que los mensajes cambiaron el mundo. Sus sermones eran los mismos, pero estaban llenos de la unción del Espíritu Santo y, por eso, millares de vidas fueron salvas. Entonces la iglesia fue sacudida, creyentes fueron despertados, pecados escondidos fueron confesados y abandonados, vidas cautivas fueron liberadas, bares y burdeles fueron cerrados, casinos tuvieron las puertas cerradas, mientras se abrían iglesias, el amor por Dios encendió nuevamente los corazones, el deseo por el estudio de la Biblia le dio nuevo vigor a los creyentes, dulce y profunda comunión estrechó los lazos entre los hijos de Dios, y la iglesia apática y sin poder se volvió gigante, de valor e impactante.

No se puede hacer un avivamiento. Es obra del cielo. Es obra del Espíritu Santo. En este libro vamos estudiar sobre el Pentecostés, sobre el derramamiento del Espíritu, sus causas, su contenido, sus resultados. Estoy convencido que Dios quiere incendiar su corazón con el fuego del Espíritu. ¡Espero que las páginas a continuación sean combustible para prender y alimentar esas llamadas en su vida!

1

LA NECESIDAD DE UN PENTECOSTÉS

JOHN STOTT, QUE FUE CONSIDERADO uno de los exegetas bíblicos más grandes del siglo 20, dijo que "antes de mandar la iglesia al mundo, Cristo mandó el Espíritu a la iglesia. El mismo orden tiene que ser observado hoy". No hay misión sin capacitación. No hay predicación sin poder. No hay avivamiento sin derramamiento del Espíritu.

Leonard Ravenhill, en su libro *Por qué no llega el avivamiento,* cuenta la experiencia de un pastor que colgó una tabla en la puerta de su iglesia: "Esta iglesia pasará por un avivamiento o por un sepultamiento". En Europa, en los Estados Unidos y en Canadá visité muchas iglesias históricas que tuvieron un pasado lleno de vigor y hoy son consideradas muertas. Tienen templo, tienen presupuesto, tienen estructura, pero no tienen vida. En Holanda, a partir de 1960, la mayoría de los creyentes dejó de ir a los cultos. La iglesia perdió su vigor en una única generación. En la Escocia de John Knox, visité un templo lujoso, en Edimburgo, y quedé perplejo al ver dentro del templo no un púlpito sino un bar. Aquel templo fue transformado en un ambiente para recreación para los amantes del alcohol. En la Inglaterra de John Wesley y George Whitefield, menos del 4% de los ingleses frecuentan una iglesia evangélica. De la misma manera que relata el profeta Ezequiel, hay muchas iglesias en muchos lugares que hoy se parecen a un valle de huesos secos.

¿Pero es posible que la iglesia hoy en día experimente un nuevo derramar del Espíritu Santo? Para empezar, tenemos que entender que el Pentecostés en su sentido pleno no se repite. El Espíritu Santo fue derramado para permanecer para siempre con la iglesia. Él es el otro Consolador que estará para siempre con nosotros. Todos los demás avivamientos suceden a partir de aquel que sucedió en Jerusalén en los primeros días. En ese sentido no hay más Pentecostés. Pero la promesa de nuevos derramamientos del Espíritu para despertar la iglesia es una promesa viva a la cual debemos agarrarnos. Es en ese sentido que usaremos el término "Pentecostés". El apóstol Pedro en ese día memorable dijo:

> ... y recibiréis el don del Espíritu Santo. Porque para vosotros es la promesa, y para vuestros hijos, y para todos los que están lejos; para cuantos el Señor nuestro Dios llamare (Hch 2.38,39).

A lo largo de la historia, Dios visitó a su pueblo, irrumpiendo con gran poder y trayendo a la iglesia tiempos de refrigerio, por medio del derramamiento de su Espíritu. Fue así entre los valdenses, en Francia, en el siglo 12. Fue así en la Reforma del siglo 16, cuando el Espíritu de Dios sopló con gran poder en Europa, usando hombres como Lutero, Zwinglio, Knox y Calvino. Dios volvió a visitar la iglesia con gran poder en el siglo 17, levantando, más que todo en Inglaterra, a los puritanos, unas de las generaciones más santas y cultas de la historia de la iglesia. En el siglo 18, las ventanas de los cielos se abrieron en abundante derramamiento del Espíritu en Inglaterra, en País de Gales y en Nueva Inglaterra, con John Wesley, George Whitefield, William Williams y Jonathan Edwards. En el siglo 19, Dios envió una lluvia abundante de su Espíritu en grandes avivamientos en Estados Unidos, en Escocia, en Inglaterra y en Irlanda del Norte. En el siglo 20, Dios hizo maravillas, desde el gran avivamiento del País de Gales, en 1904, con Evan Roberts; en el gran avivamiento en las islas Nuevas Hébridas, en 1946, con Duncan Campbell; el avivamiento entre los zulús, en África del Sur, en 1966, con Erlo Stegen; y el gran despertar en Corea del Sur, desde 1907, cuando el viento del Espíritu empezó a soplar con gran poder, llevando aquella iglesia a un crecimiento colosal hasta los días de hoy.

Por lo tanto, tenemos bases para buscar y esperar un Pentecostés, o sea, un derramamiento del Espíritu en estos días.

¿POR QUÉ ES NECESÁRIO EL PENTECOSTÉS HOY?

1. Por causa del bajo nivel espiritual del pueblo de Dios

La iglesia en general ha crecido hacia los lados, pero no hacia arriba ni en profundidad. Muchas veces ha sido superficial, rasa, inmadura y mundana. Tienen extensión y no profundidad. Tienen números, pero no tienen vida. Es grande, pero no causa impacto. Crece, pero no madura. Tiene cantidad, pero no calidad. Es como la iglesia de Sardis: *tienes nombre de que vives, y estás muerto* (Ap 3.1). Alguien ha dicho, y con razón, que la iglesia brasileña tiene cinco mil kilómetros de extensión y cinco centímetros de profundidad.

Hay un vacío, un hiato, un abismo entre lo que los creyentes profesan y lo que viven, entre lo que hablan y lo que hacen. La integridad y la santidad no ha sido más el mantenimiento de la vida de muchos creyentes. Ellos están cayendo en los mismos viles pecados que condenan los impíos.

No es raro, que la iglesia hoy es más conocida por sus escándalos que por su piedad. La mayoría de los cristianos adopta un cristianismo desfigurado, en el cual la verdad es ultrajada, la Palabra es relativizada y los valores absolutos de Dios son pisoteados. El evangelio que muchos predican hoy en día es un sincretismo semi-pagano. Estamos viendo la comercialización indiscriminada y descarada de lo sagrado. Muchos predicadores abrazaron un semi-evangelio, un evangelio sin cruz, sin verdad, sin absolutos. A esos predicadores no les importa la verdad; están más interesados en la ganancia. No buscan lo que es correcto, sino lo que da resultado. No buscan lo que es ético, sino lo que funciona. Esa actitud inconsecuente de predicar un evangelio mezclado con herejías, para satisfacer el hambre insaciable de la ganancia fácil, ha gestado creyentes débiles, enfermos y superficiales, y causado más escandalo que impacto positivo en la sociedad.

La iglesia perdió su oportunidad y su voz. Se impone no por la fuerza espiritual, sino por su potencial de chantaje. Perdió la autoridad para hablar en el nombre de Dios, pues el evangelio que predica es otro evangelio. Estamos viviendo el doloroso periodo de una iglesia apóstata. Que vibra, sí, pero sin la vida de Dios. Rica, sí, ante los hombres, pero ante Dios, pobre, ciega y desnuda.

Cuando la sana teología es abandonada, la conducta entra en colapso. La teología es la madre de la ética. La teología determina la ética. El hombre es resultado de su fe. Como él cree en su corazón, así es él. Antes de la vida viene la doctrina. La doctrina determina la calidad de vida. No hay santidad fuera de la verdad. No hay cristianismo auténtico si en su base no está la Palabra de Dios. Una iglesia apóstata no puede generar creyentes genuinos. Una iglesia en crisis espiritual genera creyentes vacilantes y enfermos.

Por eso estamos viendo, que cada día el mundo está más dentro de la iglesia. La iglesia ha asimilado más que influenciado al mundo. Ella se conforma más con el mundo que lo que produce impacto en él. La gloria de Dios no está más sobre la tienda de la iglesia. La iglesia se retuerce con los dolores de parto para dar a luz su hijo Icabod. El brillo de la cara de Dios no ha resplandecido más en la vida de la iglesia, que perdió la sed del Todopoderoso para buscar con afán las bendiciones del Altísimo. Dios apenas se volvió para ella un bienhechor y no el Señor. El hombre es el centro y no Dios. Lo que se busca es que la voluntad del hombre se haga en el cielo, y no que la voluntad de Dios se establezca en la tierra. El hombre de hoy no busca el rostro de Dios, sino la ganancia. Va a la iglesia no para adorar, para ofrecer algo a Dios, sino para buscar una bendición. Su ley es la de la sanguijuela: dame, dame. El hombre invoca a Dios no porque tenga sed de Dios, sino por lo que puede recibir. Entrega el diezmo no porque le da placer la fidelidad, sino por el retorno que eso puede representar. De esa manera, el hombre no sirve a Dios, sino a Mamón.

También hay aquellos que, de manera semejante a los creyentes de Éfeso, son ortodoxos, pero perdieron el calor espiritual, abandonaron el primer amor. Guardan doctrinas correctas en sus cabezas, pero son fríos en la vida espiritual. Son ortodoxos de cabeza y herejes de conducta. Son cuidadosos en observar los rituales, pero alcahuetas con el pecado. Observan externamente los preceptos de Dios, pero llenos de putrefacción por dentro. Van a la iglesia, pero no entran a la presencia de Dios. Cantan himnos, pero no adoran a Dios. Hacen oraciones largas, pero desconocen la gloria de entrar en el Lugar Santísimo de la intimidad con Dios. Ayunan, pero no se humillan en la presencia del Todopoderoso. No tienen temor de Dios en el corazón. Se acostumbraron con lo sagrado, ya no sienten más deleite en la Palabra ni alegría en la vida de oración, perdieron la visión de la obra de Dios, por eso ya no tienen más pasión por las almas. Viven un cristianismo árido, estéril, apenas de fachada y apariencia.

La consecuencia natural de esa fe vacilante es una vida mundana, envuelta en el pecado, asociada con lo que es vil. No es raro, los creyentes de hoy, son poco diferentes de las personas del mundo: el noviazgo es de igualmente permisivo y lascivo, igual los negocios son igual de oscuros. Falta integridad en los compromisos y verdad en las palabras. Hay creyentes que son cautivos de vicios degradantes, y, para mantener las apariencias, colocan máscaras y así cometen un doble error: el de pecar y el de intentar esconder el pecado. La calidad de vida moral del pueblo evangélico hoy en día está muy lejos de lo que Dios establece en su Palabra. De nada sirve racionalizar, creando motivos para justifica el pecado. Dios pesa los corazones. Él sondea los hijos de los hombres. Delante de

Él la luz y las tinieblas son la misma cosa. Nadie escapa del escrutinio de Dios. Sus ojos omniscientes acaban con todas las máscaras que usamos. Delante de Dios, de nada sirve disimular. Él requiere la verdad en lo íntimo. Él no está satisfecho con la apariencia. Él no se contenta con las hojas; Él quiere los frutos.

Antes de hablar del derramamiento del Espíritu, el profeta Joel convocó a la nación de Israel a que regresara hacia Dios. Antes del Pentecostés, el pecado tiene que ser tratado. Antes de que los cielos se abran, el pueblo tiene que arreglar su vida con Dios. Antes del derramamiento del Espíritu, el camino para Dios tiene que ser preparado. Y Joel (2:12-16,28) dice que ese regreso tiene que ser:

a) *Profundo* — o sea, de todo corazón. De nada sirve fingir. De nada sirve tocar trompeta. Dios no se impresiona con la majestad de nuestros gestos y con la elocuencia de nuestras palabras. Él no acepta promesas huecas, votos tontos, compromisos a medias. Superficialidad ha sido la disculpa de nuestra generación. Las palabras son elocuentes, pero las acciones son pobres. La apariencia es robusta, pero la realidad es pálida. Los rituales son suntuosos, pero su contenido espiritual es hueco. Las luces fabricadas en la tierra son relucientes, pero la gloria de Dios no existe.

b) *Con quebrantamiento* — o sea, con lágrimas y llanto. Dios no desprecia el corazón quebrantado. Las lágrimas de arrepentimiento no son olvidadas por Dios. Los que lloran por sus pecados son bienaventurados. Es imposible ser lleno del Espíritu sin desocuparse antes de todos los desechos que llenan nuestra vida. Esa limpieza es dolorosa, pero tiene que ser hecha, aunque sea con lágrimas. Avivamiento no empieza con alaridos, sino con llanto. No empieza con auto proclamación, sino con lágrimas. Dios derrama agua sobre el sediento. Cuando lloramos por nuestros pecados somos consolados. ¡Son utensilios quebrantados los que Dios usa para hacer utensilios de honra!

c) *Con diligencia* — o sea, con ayuno. Tenemos que ayunar para que Dios doblegue nuestro corazón y lo haga sensible. Tenemos que ayunar para que Dios nos dé la percepción de la malignidad de nuestro pecado y de la pureza y santidad divina. Tenemos que ayunar para que todas las disculpas que conseguimos para no volver a Dios caigan por tierra. Ayuno es hambre de Dios, es nostalgia del cielo, es necesidad de lo Eterno. El que ayuna tiene afán. El que ayuna está diciendo que tiene más gozo con el pan del cielo que con el pan de la tierra. Ayunar es renunciar a lo bueno para adquirir lo mejor. Es abdicar del pan de la tierra para alimentarse del pan celestial. ¡Ayunar es decir que Dios es mejor que sus dádivas más excelentes!

d) *Con sinceridad* — o sea, rompiendo nuestro corazón. En el pasado, las personas tenían la costumbre de romper los vestidos en los momentos de desespero. Sin embargo, Dios no se contenta con actos externos. Él no se satisface con teatro. Delante de Él no sirve cambiar la voz, gritar, gesticular, pues esos gestos no le impresionan. La iglesia de Sardis decía que era una iglesia, pero estaba muerta. La iglesia de Laodicea decía que era una iglesia rica, pero estaba pobre. Dios quiere un corazón quebrantado, sincero, auténtico, determinado a volverse hacia Dios. Del sacerdote al niño de pecho todos fueron convocados a volver. Entonces hubo restauración y perdón. Como resultado, vino la gloriosa promesa: *Y después de esto derramaré mi Espíritu sobre toda carne...* (Jl 2:28). Vea que el derramamiento del Espíritu vino después, y no antes de alinear la vida con Dios. Buscar avivamiento sin antes tratar el pecado es liviandad, pues es querer que Dios se congracie con el error. Es necesario allanar el camino para que Dios se manifieste.

Con tristeza, tenemos que admitir que hoy en día la iglesia está enferma y débil por causa del pecado. No hay vida en los cultos. Falta poder en la predicación. A las alabanzas les falta unción. Las oraciones no tienen vigor. Falta entusiasmo con el servicio. Donde no hay sinceridad, no hay adoración digna de Dios. Donde no existe santidad, no hay comunión con Dios.

El profeta Isaías dice que Dios estaba cansado del culto del pueblo de Judá, porque las manos del pueblo estaban llenas de sangre. Multiplicaban sus oraciones al mismo tiempo que aumentaban sus transgresiones (Is 1:15). El profeta Amos dijo que Dios estaba cansado de oír las canciones religiosas de su pueblo y no soportaba más el tocar de sus instrumentos (Am 5:23). Y ¿por qué? Porque el pueblo tenía culto, pero no tenía vida. El profeta Malaquías va más allá al hablar en nombre de Dios, recomendando que fuera cerrada la puerta de la iglesia, con la finalidad que las personas no prendieran inútilmente el fuego en el altar (Mal 1:10). Eso porque ellos estaban deshonrando a Dios y colocando en su altar animales enfermos, ciegos, cojos, o sea, el resto, las sobras, y no las primicias.

Hoy hay muchos cultos fríos, cadavéricos, sin pulsación, sin el latir de la vida. Hay otros cultos que, cayendo en el extremo opuesto, no son más que una presentación teatral, un *show*, en el cual las personas prestan un culto del hombre para el hombre. Donde lo que importa es la técnica y el poder de manipulación de las masas del que lo dirige.

Existen ocasiones en las que el culto se vuelve una vitrina de negocios donde se vende lo sagrado, donde se distribuye por lotes el cielo y se vende la gracia de Dios por dinero, donde se habla en el nombre de Dios y se hacen promesas en su nombre que Él nunca hizo en su Palabra. ¡Sí, todo eso muestra el bajo nivel espiritual del pueblo de Dios y nos impone la necesidad imperativa del Pentecostés!

2. Porque la iglesia está trancada dentro de las cuatro paredes

En el evangelio de Juan 20:19,21,22, encontramos a los discípulos reunidos con las puertas trancadas, con miedo de los judíos. Ellos estaban arrinconados, acobardados, paralizados y sin ninguna valentía para salir a las calles. Habían perdido el valor para testificar.

No querían asumir los riesgos del discipulado. Ellos no tuvieron valor para asumir que eran de Jesús. Se acobardaron ante las presiones y de la persecución inminente. Bajaron las armas; se escondieron en la caverna; se enjaularon en el aposento alto. Ellos se encogieron bajo el manto del miedo.

Este es un retrato de la iglesia actual. Muchas iglesias tienen contenido, pero les falta la intrepidez. Son ortodoxas, pero no tienen pasión por las almas. Tienen conocimiento, pero no tienen ardor evangelístico. Tienen programa y organización, pero no salen de las cuatro paredes. Otras iglesias, tienen contenido, buena teología y excelente alabanza, pero toda su actividad es direccionada hacia dentro. Ellas no transpiran, no esparcen su influencia hacia el mundo. Son verdaderos guetos. Son sal en el salero. No hacen nada y tienen poca o nada de influencia en la sociedad en que se encuentran localizadas.

Noventa por ciento de las actividades de la mayoría de las iglesias se destinan a la propia iglesia. Son iglesias enredadas y sofocadas por el propio cordón umbilical; iglesias narcisistas; iglesias con el síndrome del mar muerto, que solamente reciben, solamente engordan; iglesias que solamente se iluminan a sí mismas y niegan su luz al mundo, dejándolo en las más profundas tinieblas.

Al contrario de la mujer de la parábola de la "dracma perdida", esas iglesias, en vez de buscar la moneda que se perdió, pasan todo el tiempo puliendo las monedas que tienen en las manos. Hacen conferencias, congresos, encuentros, charlas y talleres solamente para pulir monedas. Los creyentes de esas iglesias se reciclan en todos los congresos, participan de conferencias misioneras a mil kilometros de distancia. Son capaces de salir de casa mil veces para ir al templo, pero no tienen valor de pasar la calle y hablarle de Jesús al vecino. Son iglesias tímidas para invertir en la salvación de los perdidos. Siempre pescan en aguas rasas y jamás lanzan las redes en alta mar. Los pocos peces que pescan se vuelven peces combatientes que acaban sus fuerzas peleando con otros peces, en una lucha titánica de acuario.

Cuando miramos el texto de Juan 20:19-22, descubrimos cuatro razones por las cuales la iglesia estaba trancada dentro de cuatro paredes:

a) *Miedo* — Algunos creyentes tienen miedo de las críticas, del preconcepto, de la persercución, de ser hazmerreír, de decir que son de Jesús. Por eso, se acobardan como Pedro. Aun así, son creyentes llenos de una autoconfianza arrogante. Tienen alto concepto de sí mismos. Se juzgan unos a otros y sobrevaloran a sí mismos. Como Pedro, empiezan a seguir a Jesús de lejos. No tienen valor de abandonar la fe ni disposición de ir de una vez hacia el mundo, pero tampoco tienen garra para andar cerca de Jesús. Andan escabulléndose en la penumbra. Se sumergen en caminos llenos de oscuridad. Son discípulos cobardes. Como Pedro, también se unen a compañías que son un tropiezo para la fe. Empiezan a juntarse a gente que desprecia y se burla de Jesús. Por fin, de la misma manera que Pedro, niegan a Jesús.

Juran que no lo conocen y hasta maldicen, hablando sandeces y negando todo su envolvimiento con el Señor de la vida. Sí hay muchos que, por miedo, prefieren quedarse enclaustrados en el templo toda la vida, en la comodidad del nido, viviendo un cristianismo de estufa, apenas tomando tetero y engordando, haciendo de la iglesia una jardín infantil y orfanato, y no un ejército equipado para salir al mundo anunciando la salvación en Cristo.

b) *Ausencia de la centralidad de Jesús en la vida* — Ellos estaban con miedo porque Jesús estaba ausente en esa reunión. Como Jesús no estaba presente, las puertas estaban trancadas. Aquello era una antítesis de todo el ministerio terrenal de Jesús. El Señor nunca se quedó enclaustrado en el templo, envejeciendo en una catedra. Su ministerio fue itinerante: en la calle, en las ciudades, en las casas, en las calles. Jesús iba al encuentro de las multitudes. Donde estaba el pecador, allí estaba el campo misionero de Jesús. Hoy queremos invertir las cosas. Queremos que solamente los pecadores vengan a la iglesia, pero la iglesia no quiere ir al mundo, donde los pecadores están. La iglesia no quiere salir del nido. No quiere el trabajo de bajar a los valles, donde las personas padecen los tormentos de una vida sin Dios y sin esperanza. Pero cuando Jesús se hace presente en la iglesia, esta se vuelve valiente. Sale de las cuatro paredes. Deja de sentirse bien como la iglesia de Laodiceia, que se consideraba rica y sin necesidad de algo, pero era miserable; porque Jesús no estaba dentro de ella.

c) *Ausencia de comunión* — Aquel grupo amontonado en el aposento alto estaba en gran conflicto. Algunos ni siquiera se atrevían a levantar la mirada debido a la vergüenza de haber huido en el momento en el que Jesús fue arrestado en el Getsemaní. Quizás estaban rumiando la hierba amarga de sus debilidades y contratiempos. Quizás se estaban culpando a sí mismos y unos a otros por el fracaso de huir escandalizados con Cristo en el momento de su horrible suplicio. Una iglesia sin comunión no tiene espacio ni voz. No tiene autoridad para predicar. No tiene credibilidad para anunciar las buenas nuevas. Una iglesia sin comunión está enferma y necesita sanidad, por eso no está capacitada para salir de las cuatro paredes.

d) *Ausencia del soplo del Espíritu* — Aquellos discípulos estaban sin paz, sin alegría, sin intrepidez, sin unción. Estaban secos, marchitos, vacíos. Estaban amontonados, pero no tenían comunión. Estaban congregados, pero Jesús estaba ausente. Estaban juntos, pero con miedo. Eran una comunidad cristiana, pero sin el soplo del Espíritu, por eso estaban trancados, con miedo de los judíos.

Cuando perdemos el soplo del Espíritu, nos volvemos creyentes miedosos. Cuando la iglesia deja de ser irrigada por el aceite del Espíritu, ella disminuye, se marchita, se encoge. Cuando falta el aceite en el engranaje, la maquina se daña. Cuando la iglesia pierde la plenitud del Espíritu Santo, se acobarda y se cierra entre cuatro paredes.

No hay avivamiento dentro de las paredes. El avivamiento que no lleva a la iglesia a transpirar, a salir de su comodidad, no es avivamiento bíblico. Avivamiento que no empuja la iglesia hacia fuera del nido es tan sólo un movimiento superficial de consecuencias pequeñas. Cuando Pablo llegó a Tesalónica, la Biblia relata que el mensaje del evangelio salió por los poros de la iglesia y alcanzó a todo el mundo. Cuando él llegó a Éfeso, a partir de allí el evangelio se irradió por toda Asia Menor e iglesias que fueron plantadas en toda la provincia como Esmirna, Pérgamo, Tiatira, Sardis, Filadelfia, Colosas. Siempre que Dios visitó a su pueblo en poderosos derramamientos del Espíritu, la iglesia avanzó para conquistar a los perdidos afuera, en el mundo, donde estaban ellos. He aquí por qué necesitamos de un Pentecostés en nuestros días, para sacar a la iglesia de atrás de los muros de concreto y llevarla a las calles, a las plazas, en medio de la multitud, para ser Sal, Luz y portadora de buenas nuevas de Salvación.

3. Por qué fuego extraño ha reemplazado el fuego del Espíritu

Hoy hay mucha herejía en el mercado de la fe. Las vitrinas religiosas están llenas de muchos productos empacados de manera que atraigan los más diversos gustos de los clientes. Hay mucha religiosidad que, a pesar de parecer atrayente y convincente, no es sino fuego extraño en el altar de Dios. El fuego extraño es el que no viene del cielo; es fabricado por el hombre. No viene como respuesta y favor de Dios; es producido artificialmente por el hombre para impresionar, como si tuviera el sello divino. El fuego extraño es aquel creado fuera de los principios de las Escrituras. Es muy parecido con el fuego verdadero. Impresiona a las personas. Atrae a muchos curiosos.

Nunca en la historia hubo una explosión tan grande de fuego extraño como en la actualidad. La humanidad está sedienta de novedades. Todo lo que ofrece respuesta inmediata a su necesidad, es lo que el hombre está buscando. Caímos en la red de un pragmatismo muy peligroso. Las personas de hoy no están interesadas en la verdad, sino en lo que funciona. No buscan lo que es correcto, sino lo que da resultado. No se interesan por la integridad, sino por resultados. No buscan carácter, sino carisma. No quieren santidad, sino señales. No son atraídas por la cruz, sino por milagros. No buscan negarse a sí mismas y cada día tomar su cruz y seguir a Jesús, sino correr tras un falso calmante que les quite el dolor del ahora. No buscan con agonía de alma el arrepentimiento, sino la comodidad. No se interesan por cambiar de vida; antes, están buscando las ganancias. No buscan la ciudad cuyo arquitecto y fundador es Dios; antes, quieren imperios en este mundo. No les importa el fuego del infierno, desde que consigan apagar las llamas del sufrimiento que las incomoda ahora.

Estamos viendo con tristeza y pesar, muchos líderes dándole al pueblo un caldo venenoso en vez del verdadero alimento del cielo. Hay muerte en la olla. Hay fuego extraño en el altar. Muchos son atraídos por cualquier tipo de novedad que aparece en el nombre del fuego divino. Algunos líderes religiosos se vuelven verdaderos magos en la fabricación de fuego que desaparece rapidamente. Consiguen hacer verdaderos malabares pirotécnicos para impresionar a los incautos, guiando las personas ciegas por los caminos resbalosos de una subjetividad que engaña, sin la referencia segura de las Escrituras.

Otros líderes negocian milagros, volviendo a la práctica medieval de las indulgencias, en la que la salvación se compraba con dinero. Las indulgencias fueron remodeladas. Hay líderes que se especializan en llamados sentimentales, haciendo promesas para engañar a las personas en el nombre de Dios, para arrancarles gruesas sumas de dinero, para engordar las cajas fuertes hambrientas de una casta sin escrúpulos.

Existen muchos mercenarios disfrazados de pastores, engrandecidos en el púlpito, con la Biblia abierta, expresando de manera vanidosa un palabrerío seductor, predicando otro evangelio, haciendo milagros, expulsando demonios, profetizando, pero al mismo tiempo viviendo en la iniquidad, dominados por una ganancia insaciable, encendiendo fuego extraño en el altar.

Hay iglesias que se dicen evangélicas que están creando un verdadero sincretismo religioso, trayendo a la luz un evangelio mágico, mezclado con prácticas paganas, estimulando a los fieles a colocar un vaso con agua sobre la radio, a comprar rosas ungidas, pañuelos santificados, toallas sudadas, aceite de Israel y agua bendita del Jordán. Todo eso no es más que otro evangelio, un antievangelio, fuego extraño en el altar.

¿Pero qué debemos hacer ante esa triste constatación? ¿Solamente lamentar? ¿Solamente lanzar torpedos de condenación a esas prácticas condenables? ¿Solamente advertir al pueblo sobre el peligro de los falsos maestros? Mucho más que eso, tenemos que buscar el fuego verdadero. Fuego combate al fuego. La mejor manera de rodear el fuego es con fuego. Solamente el fuego auténtico puede apagar el fuego falso. Solamente el fuego del cielo puede hacer morir las llamas del fuego extraño. Dios siempre se manifestó por medio del fuego. Cuando Dios se le apareció a Moisés en el Sinaí, se reveló por medio del fuego. En el monte Carmelo, Dios destronó la credibilidad del abominable Baal mandando fuego del cielo. Cuando Salomón consagró el templo, el fuego de Dios invadió el santuario. En el Pentecostés, el Espíritu vino sobre los discípulos en lenguas como de fuego. Dios es fuego consumidor. El trono de Dios es fuego. La Palabra de Dios es fuego. Él hace de sus ministros llamas de fuego. Jesús bautiza con fuego. Siempre fue el deseo de Jesús lanzar fuego sobre la tierra: *Fuego vine a echar en la tierra; ¿y qué quiero, si ya se ha encendido?* (Lc 12:49).

Cuando la iglesia pierde el fuego del Espíritu, el mundo perece en el fuego del infierno. El Espíritu Santo es poder. El Espíritu Santo trae poder. En el griego, poder es *dynamis*, de donde viene la palabra "dinamita". Y la dinamita solamente explota con fuego. Cuando la dinamita explota, hasta la piedra se rompe. El fuego de Dios lanza luz sobre las tinieblas. El fuego de Dios quema los escombros del pecado y purifica a aquellos que almacenan basura en la buhardilla de la memoria y en la intimidad del alma.

El fuego de Dios no puede ser contenido; él arrastra, salta obstáculos, desconoce dificultades. El fuego de Dios no puede dejar de ser notado. Donde está, las personas se dan cuenta. El fuego de Dios llama la atención. Donde sus llamas se levantan, es hacia donde las personas corren. El fuego de Dios no puede ser fabricado ni producido artificialmente. Es el resultado de una vida en el altar, de una búsqueda sincera, de una consagración verdadera, de una entrega sin reservas de almas que suspiran por al Altísimo. Necesitamos de un Pentecostés que apague el fuego extraño y encienda las verdaderas llamas del Espíritu en los corazones. !Oh, el gran sollozo de mi alma, el gran grito de mi corazón es que yo pueda ser una rama seca que se incendie, pues estoy seguro que, si el fuego prende leña seca, hasta la leña verde empezará a arder!

2

LAS CAUSAS DEL PENTECOSTÉS

QUEREMOS ENUMERAR ALGUNAS CAUSAS FUNDAMENTALES que decantaron en ese copioso y torrencial derramamiento del Espíritu, marcando de una vez y para siempre el inicio de la iglesia cristiana y sirviendo de marco para otros derramamientos procedentes de él.

1. CUMPLIMIENTO DE LA PROMESA DEL PADRE

He aquí, yo enviaré la promesa de mi Padre sobre vosotros... (Lc 24:49).

El Pentecostés es el cumplimiento de profecías claras e inconfundibles. El Dios fiel, que no puede negarse a sí mismo y que vela por el cumplimiento de su Palabra, prometió derramar de su Espíritu sobre toda carne (Jl 2:28). Obviamente "sobre toda carne" no quiere decir de manera cuantitativa, sino cualitativa. El Pentecostés traspasó la barrera del género, pues el Espíritu fue derramado sobre hijos e hijas, hombres y mujeres. Dios devolvió a la mujer su dignidad original. El Pentecostés rompe la barrera del preconcepto etario:

el Espíritu vino sobre jóvenes y viejos. No hay edad sagrada ni edad problemática. Todos pueden probar la vida abundante de Dios. El viejo puede tener ideales y sueños, y el joven puede tener visiones y discernimiento. El Pentecostés rompe el preconcepto social, pues el Espíritu fue derramado sobre siervos y siervas. No hay aristocracia espiritual. No hay dinastía sagrada. No hay estratificación social en el reino de Dios. Aún los más simples y humildes son contemplados con la calidad superlativa de la vida llena del Espíritu.

En Isaías 44:3, Dios prometió derramar agua sobre el sequedal, torrentes sobre la tierra seca y el Espíritu sobre los descendientes de Abraham. La promesa de Dios es segura, porque en todas sus promesas tenemos el sí y el amén. La promesa es abundante, porque Él no habla de gotas, ni de hilos, ni de porciones, sino de derramar torrentes. Dios no nos da su Espíritu por medida. A todos los sedientos, a todos los que anhelan con intrepidez, como el ciervo brama por las corrientes de las aguas, el Pentecostés, el derramamiento del Espíritu, es una promesa posible.

Uno de los grandes obstáculos para recibir esos torrentes del Espíritu es pensar que todo lo que Dios tiene que hacer en nosotros y por medio nuestro es lo que conocemos y ya probamos. El apóstol Pablo, preso en Roma, al escribir su carta a los Efesios, oró para que seamos llenos de toda la plenitud de Dios. ¿Pero quién es Dios? Él es autoexistente, inmenso, infinito, eterno, inmutable, omnipotente, omnipresente, omnisciente, trascendente, soberano. Él es más grande que el propio universo. Ni el cielo de los cielos puede contenerlo. ¡Pero, ahora, el apóstol Pablo ora para que nosotros, frágiles vasos de barro, seamos llenos de toda la plenitud del Señor! Oh, Dios tiene más para nosotros, ¡infinitamente más!

En el siglo 19 había una familia muy pobre en Estados Unidos, con siete hijos de catorce años para abajo. El jefe de esa familia murió, dejando la viuda pobre, endeudada y embarazada del octavo hijo. Cuando nació el hijo, no era el octavo, sino el octavo y el noveno pues eran gemelos. El quinto hijo una vez le dijo a la mamá: "Mami, yo voy a salir del campo. Voy para la ciudad. Dios tiene un plan en mi vida". Se fue para Boston, en Massachusetts. Allí encontró un empleo en una zapatería. Edward Kimball, su profesor de escuela bíblica dominical, fue a la zapatería y allí llevó a ese joven a Cristo. Una vez, él estaba en una iglesia y el predicador dijo: "el mundo está por ver lo que Dios puede hacer con un hombre que se entrega totalmente en sus manos". Años después, él caminaba por Wall Street, en New York, cuando el Espíritu Santo vino con gran poder sobre él. Entró en una casa, se encerró en el cuarto, cayó de rodillas y allí fue revestido con poder. Parecía que choques eléctricos entraban por su cuerpo. Dijo qué aunque le dieran todo el oro del mundo a cambio de esa experiencia, lo habría rechazado. Cuando se levantó de sus rodillas, nunca más su vida fue la misma. Nunca más la historia de América fue la misma. Aquel hombre era Dwight L. Moody, el avivacionista más grande de todos los tiempos, el hombre que a partir de allí, llevó a más de quinientas mil personas a Cristo.

2. RESULTADO DE UN ESPERAR OBEDIENTE

...pero quedaos vosotros en la ciudad de Jerusalén (Lc 24:49).

La orden de Jesús estaba dada y no podía ser cambiada, postergada o desobedecida. Los discípulos debían permanecer en Jerusalén. Quizás el último lugar en el que les gustaría permanecer era la ciudad de Jerusalén, que significaba el fracaso y caída en su vida. Jerusalén representaba vergüenza y deshonra en su historia. Allí sus expectativas y sus sueños fueron sepultados. Allí un espectro de dolor se apoderó de su alma. Pero Jesús muestra que el escenario del fracaso debe ser el lugar de restauración.

Donde hay obediencia, hay bendición; donde la Palabra de Jesús no es tomada en serio, hay maldición. Obedecer es mejor que sacrificar. Aquel no era tiempo para salir, sino de permanecer. No era el momento de hacer misiones, sino de introspección. Existen momentos en los que lo que Dios espera de nosotros no actividad, sino autoevaluación.

Dios está más interesado en lo que somos que en lo que hacemos. Nuestra vida es más importante que nuestro trabajo. Cuando Jesús llamó a los apóstoles, antes de enviarlos a predicar y expulsar demonios, los designó para que estuvieran con Él. Ahora, antes de derramar sobre ellos el Espíritu, capacitándolos para el cumplimiento de la misión, les ordena que se queden en Jerusalén.

Tenemos que depender más de los recursos de Dios que de nuestras estrategias. Si gastamos en oración el tiempo que invertimos en reuniones y programaciones sin fin, la iglesia explotaría en crecimiento fenomenal. Quedarnos quietos en la presencia de Dios es difícil para nosotros, es más fácil que corramos de un lado al otro. Es más fácil ser Marta que María. Es más fácil salir al campo que depender del Señor, obedecer su Palabra y descansar en sus promesas.

Leyendo uno de los manuales de crecimiento de la Iglesia del Evangelio Pleno en Seúl, pastoreada por David Yonggi Cho, quedé impresionado con lo grande de su ministerio. La iglesia, que empezó en 1958, hoy tiene más de setecientos mil miembros. Es la iglesia local más grande del mundo. Tiene más o menos setecientos pastores auxiliares, treinta mil grupos familiares, siete cultos cada domingo con cincuenta mil personas casa uno. Además de la complejidad de una iglesia tan grande, aún dispone de varias emisoras de televisión, decenas de emisoras de radio y un periódico con setecientos empleados e impresión diaria de un millón de ejemplares. Quedé impresionado al conocer esta iglesia. Inmediatamente empecé a meditar sobre la agenda del pastor titular de esa iglesia. ¿Cómo administra su tiempo? Quede emocionado y conmovido al leer que él apenas gasta 30% de su tiempo administrando toda esa maquinaria, 70% orando, leyendo la Palabra y preparando la predicación del domingo. Estar con Jesús, estar en la presencia de Dios, es la gran prioridad de su ministerio.

Una vez, el presidente de Corea del Sur llamó a su oficina. La secretaria le dijo que el pastor no podía atenderlo porque estaba orando. El presidente insistió, diciéndole a la secretaria que era el presidente y el presidente requería prioridad. Ella de manera delicada comunicó al presidente que el pastor no lo atendería en ese momento, porque estaba orando. Más tarde el presidente llamó al pastor y reclamó por no haber sido atendido con prontitud como la autoridad más alta del país. El pastor le respondió que no podía atenderlo porque estaba en audiencia con el soberano del universo, el Señor Jesucristo.

3. RESULTADO DE UNA ESPERA PERSEVERANTE

... quedaos [...] hasta que seáis investidos de poder desde lo alto (Lc 24:49).

Muchas veces, dejamos de recibir una efusión y un derramar del Espíritu de Dios en nuestra vida porque estamos muy apresurados y superficiales en nuestra búsqueda. Desistimos tempranamente. Nuestro amor por Dios es como la neblina que se acaba temprano. Vivimos en un tiempo en el que predomina lo descartable. Todo tiene que ser rápido. No desarrollamos la perseverancia. No aguantamos esperar.

Aquel grupo de ciento veinte discípulos perservó en oración por diez días. Ellos no cedieron. No miraron hacia atrás con incredulidad. No dudaron de la promesa. Por eso, recibieron la bendición. Los cielos se abrieron y el fuego de Dios cayó sobre ellos. Los torrentes del cielo inundaron sus corazones. Su vida fue tocada y transformada para siempre por causa de esa espera perseverante.

Después de triunfar sobre los profetas de Baal en el monte Carmelo, después de ver el fuego de Dios caer sobre el holocausto y el pueblo caer de rodillas, proclamando que solamente el Señor es Dios, después de testificar el triunfo de Dios sobre los ídolos abominables que esclavizaron a Israel, Elías subió a la cima del monte. Allá colocó la cabeza entre las rodillas. Clamó a Dios por el derramamiento de las lluvias. Hacía tres años y medio que no llovía sobre la tierra. Reinaba el hambre. La calamidad era general. Elías, aun siendo un hombre semejante a nosotros, perseveró en oración. Clamó a Dios con insistencia. En la séptima vez, vio una pequeña señal, una nube del tamaño de la palma de la mano en el cielo y creyó que Dios mandaría una lluvia torrencial. La lluvia cayó. La tierra floreció y fructificó, porque Elías perseveró en buscar a Dios.

Naamán, comandante del ejercito de Siria, solamente fue sanado de su lepra cuando dejó a un lado su propia metodología y resolvió obedecer la orden del profeta Eliseo, entrando en el río Jordán siete veces. Si hubiera desistido en la sexta vez, habría regresado leproso a Siria. Es importante perseverar. Perseverar es obedecer.

Muchas veces empezamos una reunión de oración con entusiasmo, pero enseguida nos desanimamos. Predicamos sobre avivamiento, pero enseguida dejamos a un lado el asunto. Colocamos la mano en el arado, pero enseguida miramos hacia atrás. Visité la misión Kwa Sozabantu, en África del Sur, en 1991, y también leí sobre la historia del gran avivamiento que Dios dio al pueblo zulú en 1966 por la instrumentalidad del pastor Erlo Stegen. Fueron catorce años de búsqueda. Muchas veces fueron tentados a dejar todo botado. Hubo tiempos de desánimo, pero ellos continuaron. En los tres meses que antecedieron la llegada del avivamiento, ellos solamente pudieron llorar en sus reuniones de oración tres veces al día. Pero como la tierra estaba seca y los corazones estaban sedientos, permaneciendo en la búsqueda, Dios envió sobre ellos torrentes caudalosos del Espíritu con resultados colosales que pudimos ver y oír.

Dios visitó aquel pueblo con gran poder. Allí vi un templo para quince mil personas, construído en una hacienda, con tres cultos al día. Caravanas venían de todos los rincones del mundo, para ir a aquel lugar, para ver lo que Dios estaba haciendo. Ciegos vieron, cojos caminaron, muertos resucitaron, hechiceros fueron convertidos y un torrente de personas quebrantadas vinieron a la fuente de salvación en Cristo.

4. RESULTADO DE LA EXPECTATIVA DE UNA VIDA LLENA DE PODER

... hasta que seáis investidos de poder desde lo alto (Lc 24:49).

¿Qué espera de su vida cristiana? ¿Usted tiene anhelos? ¿Aspira a algo mayor? ¿Busca una vida abundante? ¿Anhela la plenitud del Espíritu con todas las fuerzas de su alma? No existe nada más peligroso para el cristiano que vivir satisfecho consigo mismo. El estancamiento y el conformismo son peligros que amenazan la vida cristiana saludable. El conformismo es letal.

Muchas personas se contentan con migajas, mientras los graneros de Dios están repletos. Los manantiales de Dios no se agotan nunca. Los recursos de Dios para nosotros son ilimitados. Él tiene para nosotros vida abundante. Los ríos de agua viva pueden fluir de nuestro interior. Hay ropas blancas y aceite fresco para nuestra cabeza. Tenemos a disposición la suprema grandeza del poder de Dios, el mismo poder que resucitó a Jesús de entre los muertos. No hay escacez de parte de Dios. Mientras tengamos vasijas desocupadas el aceite de Dios no parará de brotar. Mientras nuestro corazón esté sediento de Dios, ansioso por buscar su rostro abierto para recibir la unción, no faltará el rocío del cielo sobre nosotros, ni el bálsamo de Galaad sobre nuestra cabeza. Dios no despide con las manos desocupadas a quien en Él espera. Él no decepciona a aquellos que lo buscan. Aquellos discípulos estaban esperando no la perpetuación de la escaces, no la continuidad de la crisis, no el prolongamiento de la aridez espiritual que los atacaba. Estaban buscando con deseo un derramar del Espíritu, una cualidad superior de vida, una experiencia más profunda con el poder de Dios.

¿Cómo se encuentra en la vida cristiana? ¿Acomodado? ¿Espera más de Dios? ¿Quiere más de su Espíritu? ¿Busca con sacrificio una vida de poder? No podemos hacer de nuestras experiencias la referencia para lo que Dios nos puede dar. Él puede hacer infinitamente más. No podemos colocar límites al poder de Dios. No podemos paralizar a Dios dentros de nuestros límites estrechos.

En el pasado muchos hombres de Dios probaron cosas tremendas y extraordinarias porque se atrevieron a creer y a buscar las riquezas insondables del evangelio de Cristo y la plenitud del poder del Espíritu. Fue esa búsqueda de poder que hizo de George White field el predicador más grande al aire libre del siglo 18. Fue esa sed de vida plena que hizo de Juan Wesley el gran avivacionista que sacudió a Inglaterra y sacó al país de las cenizas de una crisis avasalladora. Fue el poder del cielo que hizo del joven David Brainerd el referente más grande de vida piadosa del siglo 18, al punto que Wesley consideró la lectura del diario personal de Brainerd la obra más importante a ser leída por un predicador. Fue ese revestimiento de poder que transformó al vendedor de zapatos Dwigth Moody en el evangelista más grande de todos los tiempos.

Hoy vemos muchas vertientes religiosas predicando un poder que viene de dentro del hombre. Eso no es cristianismo; es budismo. El poder que necesitamos no viene de dentro, sino de lo alto, del cielo, de Dios.

5. RESULTADO DE UNA ORACIÓN FERVOROSA

Todos éstos perseveraban unánimes en oración... (Hch 1:14).

Todo el grupo de los ciento veinte discípulos estaba unido con el mismo objetivo. Nadie quedó por fuera de esa reunión de oración. Ninguno desistió a mitad de camino. Todos perseveraron. Muchas veces, hoy en día, tenemos ánimo para empezar una reunión de oración, tenemos intrepidez para invitar a las personas, pero no tenemos fibra para perseverar. Es fácil empezar. Es fácil tener entusiasmo cuando la situación es favorable. Pero Dios busca persistencia en nosotros.

Abraham insistió con Dios para que no destruyera a los juntos junto con los impíos de Sodoma. Dios oyó su oración y sacó a Lot de allí. Elías insistió con Dios en la cima del Carmelo y oró siete veces hasta que la lluvia torrencial cayó sobre la tierra seca de Israel. Los discípulos pasaron diez días perseverando en oración. Ellos no desistieron. Oraron hasta que vino sobre ellos, con gran poder, el derramamiento del Espíritu. Pero ellos no sólo estaban juntos. No fue sólo la perseverancia que marcó aquella extraordinaria reunión de oración. Ellos oraron unánimes. Había acuerdo sobre el asunto de la oración. Era como si fueran una sola alma delante de Dios. Ellos estaban afinados por el diapasón del cielo. Ellos tenían un corazón, un propósito. Todos oraban en la misma dirección, esperaban la misma promesa, buscaban el mismo revestimiento de poder.

Hoy tenemos gigantes del saber en el púlpito y pigmeos en la vida de oración. Pastores insensibles no saben lo que es agonía del alma, ni jamás probaron lo que es luchar con Dios en oración como Jacob. E. M. Bounds dice en su libro clásico *El poder por medio de la oración* que "hombres muertos sacan de sí predicaciones muertas, y predicaciones muertas matan". Lutero, el gran reformador alemán, ya decía que "predicación sin unción endurece el corazón". C. H. Spurgeon decía que toda su vasta biblioteca no era nada ante el altar sagrado de su sala de oración. Abraham Kuyper, gran teólogo, educador y político holandés, afirmó que, "si los pastores no son hombres de oración y no le dan honra al Espíritu Santo en su vida y ministerio, darán sus rebaños piedra en vez de pan". Es verdad el dicho que citamos en nuestras iglesias: "Mucha oración, mucho poder; poca oración, poco poder; ninguna oración, ningún poder". En verdad, sillas desocupadas de oración hacen pulpitos sin poder.

C. H. Spurgeon, al predicar sobre el texto de Hechos 1:14, dijo: ¿Cómo esperar el pentecostés si aún no somos despertados para orar? Primero viene toda la iglesia, toda unánime, perseverando en oración, solamente después viene el pentecostés.

En 1997, junto a ochenta pastores brasileños, tuve la oportunidad de conocer Corea del Sur. Visitamos once iglesias evangélicas, nueve presbiterianas, una metodista y una de las Asambleas de Dios; iglesias de cinco mil, diez mil, doce mil, dieciocho mil, treinta mil, cincuenta y cinco mil, ochenta y dos mil, setecientos mil miembros. Quedé impresionado con el gran vigor espiritual de aquellas iglesias. En cada una de ellas, recibimos una charla especial del pastor titular sobre los principios de crecimiento de la iglesia. Quedamos impresionados con el hecho de todos ellos afirmaron categóricamente que el motivo más grande del crecimiento de la iglesia evangélica en Corea del Sur es el profundo compromiso de los creyentes con la vida de oración.

Ninguna iglesia es considerada evangélica en Corea del Sur si no tiene reunión diaria de oración en la madrugada. Si un seminarista falta a dos reuniones de oración de madrugada en el seminario, salvo por motivos imperativos, no sirve para ser pastor. En general, ningún miembro ora menos de una hora al día. Ningún líder de la iglesia ora menos de dos horas al día. Ningún pastor, salvo raras excepciones, ora menos de tres horas al día.

Visitamos la iglesia metodista más grande del mundo, con ochenta y dos mil miembros. El pastor fundador aún es el pastor titular de la iglesia. Él nos dijo que el secreto del crecimiento de la iglesia es su vida abundante de oración y la oración fervorosa de toda la vasta congregación.

El pastor David Yonggi Cho, cuya iglesia es la más grande del mundo, con setecientos mil miembros, empezó su ministerio en 1958, y ahora su iglesia está esparcida en diversas naciones en la tierra. Él documenta ampliamente en sus libros que gasta 70% de su tiempo en oración y meditación de la Palabra.

Además de las reuniones diarias de oración en el templo, las iglesias invierten en la costrucción de campamentos de oración y entrenamiento, donde hacen cavernas de oración donde el pueblo va a derramar su alma delante de Dios.

Visitamos la Iglesia Presbiteriana Myung Sung, con cincuenta y cinco mil miembros. Esa iglesia tiene cuatro reuniones de oración por la mañana: una de las cuatro a las cinco; otra, de las cinco a las seis; otra, de las seis a las siete; y, por último, otra de las siete a las ocho. Quedé conmovido al participar de una de esas reuniones, de las cinco a las seis de la mañana. Al acercarme al templo, vimos las personas corriendo con la Biblia en la mano en dirección al templo. Cuando llegamos al patio de la iglesia, centenas de carros y autobuses estaban estacionados. Los diáconos, bien vestidos, cuidaban la organización en el parqueadero. Cuando entramos al templo, estaba súper lleno, coro con batas, pastor en el púlpito, como si fuera un día de gran fiesta. Conté en el tapete, delante del púlpito, ochenta personas sentadas, porque no había más lugar en el templo. Más de cinco mil personas reunidas allí. Eso cuatro veces al día. Cuando aquella multitud empezó a orar, parecía el murmullo de muchas aguas. No conseguí contener las lágrimas que caían por mi cara al notar el fervor con el que ellos buscaban el rostro de Dios.

Cuando uno de los miembros de nuestra caravana preguntó a uno de los pastores sí la reunión de oración matinal de los coreanos era un factor cultural, él respondió: "En todo el mundo las personas se levantan temprano para ir al colegio, para el trabajo, para tratar con sus intereses y para ganar dinero. Nosotros entendemos que Dios merece lo mejor y las primicias. Si Dios es la prioridad máxima de nuestra vida, entonces buscamos mostrar eso buscando su rostro bien temprano".

Le preguntaron a David Yonggi Cho cuál sería la mejor estrategia que un pastor debería usar para llevar su iglesia a volverse una iglesia de oración. Él respondió: "La única manera de llevar una iglesia a orar es que su pastor sea un hombre de oración". Por ese motivo, cuando le preguntaron a Dwight Moody cuál era, para él, el obstáculo más grande al avance de la obra, él respondió: "El obstáculo más grande de la obra son los obreros". Y añadió: "Moody es el enemigo más grande de Moody".

Si los pastores son palos secos que se prenden con el fuego del Espíritu, todo el pueblo empezará a arder. Si el púlpito es una hoguera, la iglesia será llena del calor del Espíritu. Una vez le preguntaron a Moody: "¿Señor Moody, como empezar un avivamiento en la iglesia?" Él respondió: "Prenda un hoguera en el púlpito".

Martyn Lloyd-Jones afirmó que "el Pentecostés es derramado sobre algo que está listo. La unción del Espíritu se derrama sobre la preparación. Elías levantó un altar. Entonces, mató un becerro, lo cortó en pedazos y lo colocó sobre la leña. Habiendo echo todo eso, oró para que viniera fuego; y el fuego vino. Ese es el orden de las cosas".

En el momento en el que nuestra vida esté lista, el fuego de Dios vendrá sobre nosotros. Cuando el camino de Dios sea preparado y los valles sean aplanados, las montañas niveladas, los caminos torcidos enderezados y los escabrosos aplanados, entonces toda carne verá la salvación de Dios. Es cuando la iglesia cae de rodillas en oración perseverante y unánime que el fuego del Espíritu cae sobre la iglesia. Solamente cuando la iglesia arregla su vida el cumplimiento de la promesa será una realidad.

En 1996, fui invitado a predicar en una iglesia Bautista en Pavuna, en la región fluminense en Río de Janeiro. El calor era sofocante. El sol estaba insoportable. Pensé que, en un jueves, con tanto calor, encontraría una iglesia pequeña sin mucha motivación para alabar. Cuando llegué allí, vi un templo gigantesco. Nadie había llegado. Solamente el pastor estaba en la oficina. Con amabilidad me acogió y fue diciendo que el culto sería maravilloso y que esperaba esa noche más o menos tres mil personas. Mi corazón fue tocado. Tuvimos en aquel culto más de tres mil personas, bajo un calor asfixiante, pero una multitud exultante y llena de la alegría del Espíritu. Le pregunté a aquel pastor cuál era el secreto del crecimiento de su iglesia. Él me respondió: "Esta iglesia toma su vida de oración muy en serio. Este pueblo pone la cara en la tierra y clama, y Dios abre las ventanas del cielo y todos los días añade las personas que van siendo salvas". La verdad, Dios nunca cambió el método. Si queremos la visitación poderosa de Dios, el derramamiento del Espíritu, el Pentecostés, tenemos que orar, orar y orar, hasta que de lo Alto seamos revestidos con poder. Cuando la iglesia se incendia, con el fuego del Espíritu, las personas son atraídas de manera irresistible.

3

EL CONTENIDO DEL PENTECOSTÉS

EL PENTECOSTÉS VINO PORQUE UNA CONGREGACIÓN de ciento veinte personas estaba unida, sin división, unánime, perseverando en la búsqueda del mismo ideal (Hch 1:14; 2:1). Había unidad de propósitos. Hoy encontramos reuniones, pero poca comunión; hay oraciones, pero poco acuerdo; mucha coreografía, pero poca adoración; mucha agitación, pero poca alabanza; mucha palabrería, pero poca unción; muchos buscan el derramar del Espíritu, pero otros halan para atrás.

Quiero abordar el contenido del Pentecostés bajo dos aspectos:

1. EXPERIENCIA PERSONAL DE LLENURA DEL ESPÍRITU SANTO

Aquellos discípulos ya eran regenerados y salvos. Tres veces, Jesús dejó eso bien claro (Jn 13:10; 15:3; 17:2). Por lo tanto, ellos ya poseían el Espíritu Santo, pues, *Y si alguno no tiene el Espíritu de Cristo, no es de él* (Ro 8:9). Jesús le dijo a Nicodemo que aquel que no nace del agua y del Espíritu no puede entrar en el Reino de Dios (Jn 3:5). Además de eso,

Jesús ya había soplado sobre los once, diciéndoles: *Recibid el Espíritu Santo* (Jn 20:22). Pero, independiente de ya ser salvos, tener el sello del Espíritu y recibir el soplo del Espíritu, ellos aún no estaban llenos del Espíritu.

Una cosa es tener el Espíritu residente; otra, es tenerlo de presidente. Una cosa es ser habitado por el Espíritu; otra, es ser lleno del Espíritu. Usted, que tiene el Espíritu, ¿ya está lleno de Él? ¿Su vida es controlada por Él? ¿El fruto del Espíritu puede ser visto en su vida? ¿La unción del Espíritu está sobre su cabeza? ¿El poder del Espíritu está sobre usted? ¿Cuándo usted abre los labios, la Palabra de Dios es verdad en su boca?

Cuando el misionero presbiteriano John Hyde estaba yendo a la India, recibió un telegrama a bordo del barco. Lo abrió con dificultad, Había una pregunta corta y perturbadora: "¿John Hyde, usted está lleno del Espíritu Santo?" Él se irritó con la petulancia y audacia de la pregunta. Arrugó el telegrama, lo colocó en el bolsillo e intento escapar de la pregunta intrigante. Intentó justificar para sí que la pregunta no tenía razón de ser, visto que él estaba yendo para un campo misionero, dejando de lado muchas ganancias, con la finalidad de sumergirse en tierras lejanas y oscuras. Sin embargo, al entrar a su aposento, el dedo de Dios lo tocó y la pregunta empezó a arder en su corazón: ¿John Hyde, usted está lleno del Espíritu Santo?" Entonces cayó de rodillas, con lágrimas, y clamó a Dios por un derramamiento del Espíritu en su vida. Él fue profundamente influenciado por esa oración. Probó algo especial de parte de Dios. Al llegar a India, en tres años, solamente, vio más de mil personas ridiendose a Cristo por medio de su ministerio.

La experiencia de llenura del Espíritu Santo es personal (Hch 2:3,4). El Espíritu Santo viene sobre cada uno individualmente. Cada uno vive su propia experiencia. Nadie tiene que pedir aceite prestado, como las vírgenes necias. ¡Todos están llenos del Espíritu!

El Espíritu vino en forma de viento para mostrar su soberanía, su libertad y su inescrutabilidad. De la misma manera que el viento, el Espíritu sopla donde quiere, de la forma que quiere, en quien quiere. Nadie puede cercar o detener el viento. El viento es misterioso. Nadie sabe de dónde viene ni para dónde va. Su curso es libre y soberano. Dios no se somete a la agenda de los hombres. Él no se deja domesticar. Él no puede ser presionado. Él es Dios. Está en el trono y hace todas las cosas de acuerdo con el consejo de su voluntad.

El Espíritu vino en forma de lenguas como de fuego. El fuego ilumina, purifica, calienta y se esparce. Jesús vino para lanzar fuego sobre la tierra. De manera general la iglesia está fría hoy en día. Parece una nevera para conservar su religiosidad intacta, y no una hoguera que quema los corazones. muchos creyentes parecen más cubos de hielo que brasas vivas.

A Benjamín Franklin le gustaba oír a George Whitefield porque podía verlo arder ante sus ojos. Dios le dijo al profeta Jeremías: *he aquí yo pongo mis palabras en tu boca por fuego* (Jer 5:14).

Pero la tendencia del fuego es apagarse. Donde no hay combustible, el fuego se apaga. Es por eso que, cinco veces, en Levítico 6, Dios instruyó a que no se deje apagar el fuego sobre el altar. Dios enciende el fuego, pero nosotros tenemos que mantenerlo prendido. El apóstol Pablo, en ese mismo sentido, exhorta a Timoteo, su hijo en la fe, a avivar el don que está en él (2 Tim 1:6). La palabra "avivar" se refiere a la utilización de fuelles para hacer que el fuego que esta por apagarse vuelva a arder. El general William Booth, fundador del Ejército de Salvación, siempre insistía a su pueblo: "La tendencia del fuego es apagarse; vigilen el fuego en el altar de su corazón".

Necesitamos una iglesia inflamada. Cuando la iglesia pierde el fuego del Espíritu, los pecadores perecen en el fuego del infierno. Solamente una iglesia caliente por el fuego de Dios puede arrebatar las personas del fuego de condenación.

No es suficiente con arreglar la leña y la ofrenda en el holocausto. Es necesario fuego, y cuando el fuego cae, el pueblo cae de rodillas, gritando: "Solamente el Señor es Dios, Solamente el Señor es Dios". Necesitamos la gloriosa experiencia de la llenura del Espíritu que nos hace arder de amor por Dios. Necesitamos de la llenura del Espíritu para vivir de manera digna de Dios, con gratitud, alabanza y sujeción.

Cuando los discípulos fueron llenos del Espíritu, empezaron a hablar de las grandezas de Dios (Hch 2:4,11). Todos empezaron a glorificar a Dios. No había espacio para palabras torpes y maliciosas. Se acabaron las intrigas. Se acabaron las acusaciones. Toda visión pesimista se acabó. Ellos estaban llenos de entusiasmo y estremecimiento, hablando las grandezas de Dios.

Necesitamos un Pentecostés que saque de la iglesia toda murmuración, toda palabra y actitud de derrota. Hay muchos en la iglesia que solamente ven las cosas por medio de lentes empañados. Son personas que juegan contra el propio equipo, que halan para abajo, que reman en sentido opuesto, que son siempre contrarios. Esas personas son proclamadoras del caos, profetas del desastre, embajadores del pesimismo.

Necesitamos un Pentecostés que saque la iglesia del pantano del desánimo, de la caverna de la murmuración y del calabozo del negativismo. Tenemos que abrir la boca para hablar de las grandezas de Dios. Tenemos que proclamar las posibilidades infinitas de Dios. Tenemos que bendecir las personas y engrandecer el nombre excelso del Señor. ¡Tenemos que ser un pueblo más valiente, más optimista y más entusiasmado!

2. EXPERIENCIA PERSONAL DE REVESTIMENTO DE PODER (Lc 24:49; Hch 1:5,8)

No hay cristianismo sin poder. El evangelio que abrazamos es el poder de Dios para todo el que cree (Rm 1:16). El Espíritu Santo que recibimos es Espíritu de Poder (2 Tim 1:7). El reino de Dios, que está dentro de nosotros, no consiste en palabras, sino en poder (1 Co 4:20). La predicación de la Palabra tiene que ser hecha con poder (1Tes 1:5; 1Co 2:4).

El propio Jesús, aun siendo Hijo de Dios, no renunció a este poder. Cuando fue bautizado en el río Jordán, el cielo se abrió, el Padre habló y el Espíritu Santo vino sobre Él, revistiéndolo de poder para el ministerio (Lc 3:21,22). De allí, Jesús partió para el desierto, dirigido por el Espíritu, lleno del Espíritu, donde ayunó y oró durante cuarenta días. alli en el desierto el diablo usó todo su arsenal para tentar a Jesús. Lanzó sobre Él todos sus torpedos mortíferos. Pero fue grandiosamente derrotado (Lc 4:1-11). Del desierto, Jesús salió victorioso y, lleno del Espíritu, regresó a Galilea (Lc 4:14). Entró en la sinagoga de Nazaret y tomó el libro de Isaías en las manos, para revelarle al pueblo que el Espíritu de Dios estaba sobre Él, ungiéndolo para predicar, sanar y librar (Lc 4:17,18). Toda la vida de Jesús y todo su ministerio sucedieron bajo la unción del Espíritu Santo (Hch 10:38). El Espíritu Santo estuvo presente incluso en su muerte (Heb 9:14) y en su resurrección (Ro 8:11).

Si Jesús, siendo Dios, no desistió del poder del Espíritu, tampoco nosotros lo podemos hacer. No basta sólo con conocer las Escrituras; es necesario probar el poder de Dios (Mt 22:29). No basta apenas tener la cabeza llena de luz; es necesario tener el corazón lleno de fuego. No basta solamente con tener una buena teología; es necesario tener la unción del Espíritu. No basta sólo con tener buena organización; es necesario tener aceite en el engranaje. La iglesia sin la unción y el poder del Espíritu es como un valle de huesos secos.

Sin el poder del Espíritu, podemos tener iglesias grandes, pero no iglesias vivas. Sin el poder del Espíritu, podemos tener grandes templos, pero no congregaciones santas. Sin el poder del Espíritu, podemos tener un culto solemne y suntuoso, pero no convicción de pecado y sed de Dios. Sin el poder del Espíritu, podemos realizar grandes obras, pero no extender las estacas del reino de Dios. Jesús fue categórico al determinar que los discípulos no deberían aventurarse en el ministerio antes de ser revestidos con el poder del Espíritu (Lc 24:49). Ellos no estarían aptos para los desafíos del testimonio sin el poder del Espíritu (Hch 1:5,8).

Pero, ahora tenemos que preguntar: ¿Para qué poder? Hay mucha gente buscando poder con las motivaciones equivocadas. Quieren poder para autopromoverse. Quieren poder para volverse famosos. Quieren poder para recibir los aplausos de los hombres. Quieren poder para volverse grandes y ricos, influyentes y respetados. No buscan la gloria de Dios; están tras del prestigio y recompensas.

Cuando miramos el libro de Hechos, notamos las razones por las cuales Jesús muestra la razón por la cual la iglesia necesita poder:

Poder para sacudir el yugo del miedo (Jn 20:19; 2 Tim 1:7)

Hoy hay muchos que viven en el calabozo del miedo, como los discípulos antes del Pentecostés, trancados, atrincherados, paralizados. Son personas que tienen miedo de vivir, miedo de morir, miedo de testificar, miedo de casarse y miedo de descansar. Miedo de quedar enfermo y miedo de ir al médico. Miedo de entrar en la universidad y miedo de golpear a la puerta de un empleo. Miedo del desempleo y miedo de pensionarse. Miedo de quedarse solo y miedo de compartir la vida con alguien. Miedo de lo real y de lo irreal. Miedo de encarar la vida y miedo de enfrentar la eternidad. Miedo de robos y miedo de la policía. Miedo de viajar y miedo de quedarse en casa. Miedo de perder la popularidad y miedo de ser auténtico. Sí, las personas hoy viven llenas de fobias. Necesitamos poder del cielo para vencer nuestros miedos y traumas. Sólo por medio del Espíritu podemos salir de nuestras puertas trancadas. Solamente recibiendo el Espíritu de poder, echaremos la cobardía y el miedo que nos asustan.

La falta de poder nos hace encoger ante el mundo. Preferimos la comodidad del templo a los desafíos de las calles. Preferimos armar nuestras carpas en el monte que bajar a los valles donde hay tanta gente afligida y necesitada. Preferimos reunirnos semanalmente para discutir nuestras doctrinas a ir allá afuera donde están los pecadores para llevarles la esperanza del evangelio. Preferimos discutir sobre el evangelio a proclamarlo con entusiasmo. Oh, la iglesia está trancada dentro de cuatro paredes mientras el mundo gime en la agonia de su falta de esperanza. En vez de ir al mundo, esperamos que las personas vengan a nosotros. En vez de ir hacia lo hondo para lanzar las redes, preferimos hacer una pesca de acuario.

Poder para quitar los ojos de la especulación para la acción (Hch 1:8)

Cuando Jesús le dijo a los discípulos sobre el bautismo con el Espíritu y la promesa del Padre por la que deberían esperar (Hch 1:4,5), enseguida ellos comenzaron a pensar sobre tiempos y épocas, o sea, sobre el *kronos* y el *kairos* (Hch 1:6,7). Ellos empezaron a entrar en el campo de la especulación escatológica. Creyeron que Jesús estaba hablando de un tiempo en el que el dominio de Roma sería sometido por el poder político de Jesús. Sin embargo, Jesús cambia el rumbo de esas expectativas y muestra con verdadera claridad que ellos recibirían poder no para hacer profundas discusiones o incursiones en el campo de la especulación teológica, sino para actuar, para colocar la mano en el arado y hacer la obra.

Muchas veces la iglesia se reúne para discutir opiniones, pero no actúa. Hace todo tipo de entrenamiento, pero no sale al campo. Existen creyentes que van a todo tipo de congreso de reciclaje y aprenden todos los métodos de evangelismo, pero nunca han salido de casa para evangelizar. Son capaces de andar mil kilómetros para ir a un congreso de evangelización, son capaces de salir de casa para el templo mil veces, pero no son capaces de pasar la calle y hablarle de Jesús a un vecino. Las personas están buscando poder para su propio deleite, para su propia comodidad, para la exaltación de su nombre. Por eso, vemos mucha religiosidad, pero poca vida; mucha ortodoxia, pero poco poder; mucha discusión, pero poco trabajo; mucho ruido, pero poco resultado.

Con tristeza vemos a muchos en la iglesia con la cabeza gigante y el cuerpo raquítico. Personas que estudian, investigan, se sumergen en las aguas profundas del saber, se vuelven especialistas en el conocimiento, pero incapaces en el trabajo. Saben, pero no hacen. Pasan la vida calentando, preparándose, pero nunca van a un campo. Conocen la Biblia de tapa a tapa, pero nunca comparten su contenido con los demás. Son maestros listos para discutir todas las doctrinas, para diagnosticar todas las novedades emergentes en el mercado de la fe, para vigilar como guardianes absolutos sagrados, pero son verdaderos sarcófagos, cerrados herméticamente como una tumba; de ellos no transpira la vida de Dios, de ellos no se oye la voz de Dios, ellos no saben conjugar el verbo trabajar, porque en la escuela de la vida solamente hicieron conjeturas y especulaciones y nunca actuaron en el poder de Dios.

Poder para morir (Hch 1:8)

Jesús dijo que necesitaríamos poder no sólo para vivir, sino para morir. La palabra *testigos* en Hechos 1:8 viene del griego *martiria*, de donde se proviene la palabra "mártir". Necesitamos poder para morir, pues quien no está listo para morir no está listo para vivir. Ser cristiano en el tiempo de los apóstoles no era símbolo de prestigio político, sino de persecución, robo, prisión y muerte. Declararse cristiano era algo arriesgado y peligroso. Podía significar abandono, prisión y muerte.

Muchos cristianos fueron hechos prisioneros, torturados, robados y muertos con requintes de crueldad por causa de su fe. Muchos soldados de Cristo cayeron en el campo de batalla y sufrieron un martirio doloroso por causa de su fidelidad a Cristo. Muchos perdieron la familia, los bienes, la propia vida, siendo lanzados en los palcos, enrollados en pieles de animales, hechos trizas por las mordidas de los perros. Otros fueron pisoteados y hechos pedazos por los toros enfurecidos. No pocos fueron destrozados por los leones hambrientos de Libia o traspasados por las espadas de los gladiadores. Miles de creyentes murieron quemados; otros, crucificados. Muchos fueron ahogados, estrangulados o decapitados por causa de su fe en Cristo. Desde Esteban, el proto-mártir del cristianismo, ¡Santiago, Pablo, Policarpo, la viuda Felicidad, la joven señora Perpetua, la esclava Blandina y miles más, como Juan Huss, Jerónimo Savoranola, completan el salón de la fama de los héroes de la fe que, por amor a Dios, fidelidad a Jesús y compromiso con el evangelio, sellaron con su propia sangre el testimonio de la cruz!

Sin el poder del Espíritu, nos volvemos cobardes como Pedro en la casa del sumo sacerdote Anás. Sin el poder del Espíritu, perdemos la intrepidez de hablar del evangelio ante las amenazas del mundo. Pero, cuando somos revestidos con ese poder, ninguna fuerza nos puede detener, los latigazos no nos acobardan, las prisiones no nos callan ni la muerte nos tambalea (Hch 4:18-31). Fue ese poder que sostuvo a Pablo como un proclamador en la prisión hasta la muerte. Fue ese poder que capacitó a Juan Huss a enfrentar con serenidad la hoguera. Fue ese poder que estimuló a Lutero a ir a Worms y dar testimonio firme de su fe. Necesitamos poder para vivir con Jesús y para morir para Jesús.

Una de las cosas que marcaron profundamente mi vida fue visitar el museo de los mártires, en Seul, Corea del Sur. La iglesia evangélica coreana creció en un suelo regado por la sangre de los mártires. Miles de creyentes fueron castigados hasta la muerte, con requintes de crueldad, en la época de la ocupación japonesa. Centenas de pastores fueron decapitados a las orillas del río Han. Después, en la fratricida guerra contra Corea del Norte, otras centenas de creyentes murieron por su fidelidad a Cristo. En ese museo, vimos en un salón enorme cuadros con las fotografías de centenas de mártires. En cada cuadro había un pequeño historial con el relato de la vida, de las obras, del ministerio y más que todo de la manera cruel con la que la persona había sido torturada y muerta por causa de su fe. Allí en ese salón lloré al ver que muchos de esos mártires murieron sin ver el gran avivamiento que Dios envió sobre Corea del Sur. Dios honra la sangre de los mártires. Como decía Tertuliano, la sangre de los mártires es el abono para el semillero del evangelio. Después de observar atentamente todos esos cuadros, ya a la salida del salón, me acerqué al último cuadro. La montura era la misma, pero no había fotografía. Cuando me puse delante, en lugar de fotografía había un espejo. Me ví a mí mismo y, abajo, una frase: "Tú puedes ser el próximo mártir". Las lágrimas bajaron por mis mejillas. ¡Reconocí que necesitaba ser revestido con el poder del Espíritu para ser un mártir de Jesús!

Poder para vivir en santidad (Hch 3:4)

Pedro y Juan le dijeron al paralítico en Jerusalén: *Míranos* (Hch 3:4). Esa es una afirmación atrevida, audaz. Solamente quien anda con Jesús, quien es revestido con el poder del Espíritu, puede tener tanta intrepidez. Hoy vemos un hiato, un abismo, un divorcio entre lo que las personas hablan y lo que ellas hacen. Vemos personas santurronas exhibiendo hermosas palabras para la iglesia y viviendo en secreto prácticas pecaminosas abominables. Observamos pastores que demandan de su rebaño una vida santa y en la intimidad viven en la lujuria del pecado. Vemos líderes que tratan a la iglesia con rigor y rudeza, pero cultivan la perversión moral en la vida privada. Contemplamos obreros cuidadosos, atentos a los detalles de la ley, pero condescendientes con el pecado en la vida particular.

Es alarmante notar la gran epidemia de decadencia moral entre los líderes evangélicos en estos días. Centenas de pastores han capitulado y naufragado en el mar agitado de la pasión sexual. La juventud evangélica ha sido aplastada por la avalancha de los nuevos conceptos morales, que desconocen límites y odian todo tipo de absolutos éticos. Muchas veces, intentamos driblar nuestra propia conciencia, diciéndole a las personas: "Ustedes no pueden mirar hacia el pastor, ni para el presbítero, ni hacia el diácono, ni hacia las mujeres de la iglesia, mucho menos hacia los jóvenes;

ustedes tienen que mirar solamente a Jesús". No queremos ser modelos. No queremos ser luz. No queremos pagar el precio de ser santos. Pablo dijo a la iglesia de Corinto: *Sed imitadores de mí, así como yo de Cristo* (1 Co 11:1).

La iglesia tiene que predicar no solamente a los oídos, sino también a los ojos. Tiene que proferir no sólo bellos discursos, sino también vivir en santidad. No es suficiente que las personas oigan de nosotros bellas predicaciones; ellas tienen que ver vidas santas. El diácono Felipe, al llegar a la ciudad de Samaria, vio allí un gran avivamiento, y las multitudes atendían unánimes a las cosas que él decía. Pero, ¿por qué? ¿Cuál era la eficacia del ministerio de Felipe? Felipe decía y hacía. Él predicaba y demostraba. Él predicaba a los oídos y también a los ojos (Hch 8:6).

Cuando Juan Bautista envió sus emisarios a interrogar a Jesús si de hecho era el Mesías, el Maestro mandó a decirle: *Id, y haced saber a Juan las cosas que oís y veis. Los ciegos ven, los cojos andan, los leprosos son limpiados, los sordos oyen, los muertos son resucitados, y a los pobres es anunciado el evangelio* (Mt 11:4,5). Jesús predicó a los oídos y a los ojos. Él dijo e hizo. Su vida era fiador de sus palabras.

Cuando el paralítico abordó a Pedro y Juan a la entrada del templo, ellos no hicieron un discurso, sino dijeron: *Míranos* (Hch 3:4). La vida de la iglesia tiene que hablar más alto que su discurso.

Donde no hay vida, la palabra no tiene crédito, el discurso es vacío y sin sentido. Sin santidad, no existe predicación eficaz. Sin santidad no existe ministerio ungido. Sin santidad no podemos ser boca de Dios (Jer 15:19). Sin santidad, el bastón profético en nuestras manos no tienen ningún valor, como sucedió en el caso de Giezi (2 R 4:31). La Palabra de Dios es verdad en nuestros labios cuando vivimos en Su presencia y hacemos su obra en el poder de su Espíritu (1 R 17:1,24).

Hoy más que nunca, la iglesia está necesitando vestiduras blancas, de vida limpia, de manos purificadas, de pies lavados, de corazón integro. El mundo ha influenciado más a la iglesia que la iglesia al mundo. Porque la iglesia ha dejado de ser luz en el mundo, el mundo ha entrado dentro de ella. En vez de que la iglesia convoque al mundo al arrepentimiento, es el mundo el que ha denunciado los pecados de la iglesia. Los medios muestran más los escandalos de la iglesia que sus virtudes. La iglesia ha amado el mundo, ha sido amiga del mundo y se ha conformado a él. Los cristianos se están involucrando en las mismas prácticas reprobables de aquellos que no conocen a Dios.

La ética de muchos cristianos es relativa y situacional, de igual manera a la de las personas que no conocen los absolutos de la Palabra de Dios. Los estudiantes cristianos, no pocas veces, hacen fraude en sus exámenes para obtener buenas notas. Los empresarios cristianos no siempre son transparentes y éticos en sus transacciones comerciales. Sus empresas no soportarían una investigación como la sucedida en la vida del profeta Daniel. No es raro que los políticos evangélicos estén involucrados en casos de corrupción. Los jóvenes cristianos se están entregando a la sensualidad descontrolada en el noviazgo, de igual manera que los gentiles que no conocen a Dios (1 Tes 4:3-8). La vestimenta sin pudor, diminuta, apelativa y sensual, dictada por la moda, no siempre es evitada por las mujeres y jóvenes cristianas. La vida sexual del pueblo de Dios ha sido contaminada por la basura de las películas pornográficas que, como cosas abominables entran en los hogares cristianos (Dt 7:26). Las familias evangélicas están sumergidas en las mismas crisis conyugales que las no cristianas. Los matrimonios están siendo deshechos en los tribunales por motivos fútiles, y no por razones bíblicas que justifiquen el divorcio y un nuevo matrimonio. De esa manera, estamos abriendo las puertas para verdaderos adulterios institucionalizados (Mt 19:9).

La iglesia no puede estar bien si la vida privada del pueblo está en crisis. De nada sirve que exista una reunión solemne si la vida particular de las personas que se reúnen está en decadencia (Is 1:15). Dios no acepta el culto de la iglesia, aunque sea animado y alegre, si ese pueblo está viviendo en pecado (Am 5:23). Es inútil encender el fuego del altar y abrir las puertas de la iglesia si los adoradores no toman en serio a Dios (Mal 1:10). Cuando Dios rechaza al adorador, la ofrenda tampoco puede ser aceptada (Gén 4:3-7). De otra parte, la calidad de la ofrenda es un reflejo de la vida del adorador (Mal 1:19). Dios busca adoradores que lo adoren en espíritu y en verdad (Jn 4:24). Dios quiere *verdad en la intimidad* (Sal 51:6), *espíritu quebrantado; corazón contrito y humillado* (Sal 51:17).

Necesitamos un Pentecostés que despierte la iglesia a la búsqueda de la santidad. Las personas están corriendo tras bendiciones. Hoy, la palabra de orden es que el hombre merece ser feliz. Pero el proyecto de Dios es que seamos santos. *Sin santidad, sin la cual nadie verá al Señor* (Heb 12:14). *El fruto del justo es árbol de vida* (Pr 11:30), pero, *porque la paga del pecado es muerte* (Ro 6:23). El camino de la santidad conduce a la gloria, pero los caminos del pecado conducen al infierno.

Poder para perdonar (Hch 1:8)

Había una rivalidad histórica entre los judíos y los samaritanos. Como enemigos irreconciliables no se toleraban. Los judíos consideraban a los samaritanos combustible para el fuego del infierno. Si una joven judía se casaba con un joven samaritano, la familia celebraba simbólicamente su funeral. Un judío no podía comer pan en la casa de un samaritano, pues el pan del samaritano era considerado inmundo. La hostilidad entre ellos era profunda.

Por el hecho de que Jesús no había sido bien recibido en Samaria, Santiago y Juan, los hijos del trueno, quisieron que fuego del cielo cayera sobre la ciudad para destruir a quienes odiaban (Lc 9:54). La mujer samaritana hizo el deber de recordarle a Jesús que un judío no debe pedirle favores a un samaritano, y mucho menos que un samaritano ayudara a un judío (Jn 4:9). Cuando Nehemías, después de los setenta años de cautiverio babilónico, regreso a Jerusalén para reconstruir los muros de la ciudad, los samaritanos intentaron de diversas maneras impedir la reconstrucción (Neh 4:1,2). Era el odio que afloraba. Eran los rencores de un pasado mal resuelto. Las heridas aún abiertas no habían sido sanadas. Los resentimientos históricos hervían como las lavas de un volcán en erupción.

Los samaritanos eran judíos mestizos, parientes cercanos con la misma sangre. Fueron producto de un cruzamiento de razas, realizado por el rey de Asiria, Sargón II, que, al conquistar Israel en 722 a.C., llevó al pueblo de Israel al cautiverio, y los demás que se quedaron en la tierra fuero mezclados con otros pueblos que el rey estratégicamente envió a la región, con la finalidad de debilitar el nacionalismo del pueblo. De esa mezcla racial, surgió el pueblo samaritano. Los samaritanos no sólo eran una mezcla de razas, sino también adoptaron un sincretismo religioso. Cuando el pueblo de Judá regreso del cautiverio babilónico, los samaritanos intentaron unirse a ellos para la reconstrucción del templo (Esd 4:1-6). Al ser rechazados, se volvieron opositores de los peregrinos que regresaban. Cuando más tarde vino Nehemías para reconstruir los muros, los samaritanos fueron sus opositores más despiadados (Neh 4:1-3). Entonces, ellos construyeron un templo rival en el monte Gerizim, pero ese templo fue destruído por Juan Hircano en 129 a.C., abriendo aún más esa herida de enemistad. Con eso, aprendemos que, mientras más fuertes y estrechos son los lazos, más profunda es la herida cuando se instala una crisis en la relación. La decepción se vuelve más amarga cuando somos traicionados por alguien que antiguamente nos devotó fidelidad.

Jesús ya había quebrado la barrera de la enemistad pasando por Samaria, en el camino itinerante de su ministerio. Él rompió todos los preconceptos que separaban esos dos pueblos por el muro de la enemistad. Ahora, al hacer la promesa del derramamiento del Espíritu, dijo que la iglesia también recibiría poder para testificar en Samaria. Quizás era el último lugar al que a un judío le gustaría ir. Quizás era la última alternativa para un emprendimiento misionero. Pero, donde el Pentecostés llega, las barreras de odio son deshechas. Donde el evangelio prevalece, se acaban las guerras frías, sanan las heridas, se restablecen las relaciones quebradas y se establece la comunión. La orden de Jesús no es para incendiar Samaria, como querían antes Santiago y Juan, sino para testificarle el mensaje supremo del amor de Dios y de la salvación en Cristo.

Solamente recibiendo el poder del Espíritu podemos perdonar. Necesitamos poder para amar como Jesús amó. Estamos necesitados del poder del Espíritu para no dejar que la mordida venenosa del resentimiento malogre nuestra vida. Necesitamos el Pentecostés para amar a quien nos odia, para llevar vida a quien desea la muerte, para bendecir a quien nos maldice. Necesitamos el revestimiento de poder para transformar nuestros enemigos en amigos, para conquistar las personas que nos hieren por la fuerza irresistible del amor incondicional.

Fue ese poder que capacitó los apóstoles a sufrir latigazos y prisiones y hasta el martirio sin perder la dulzura de la vida. Como flores, al ser pisadas, exhalaban el perfume de Jesús. Como metales nobles, al ser lanzados en el horno de la persecución, salían más puros, más alegres y más gozosos. Como diamantes, al ser trabajados, reflejaban con más fulgor el brillo de la gloria de Dios.

También fue es poder que preparó a Esteban, el primer mártir del cristianismo, a morir apedreado sin amargura en el corazón. Sus ojos no quedaron empañados por la crueldad de sus verdugos, sino que vio a Jesús en su gloria. Él no gritó invocando plagas condenatorias contra sus asesinos, antes intercedió por ellos. No había odio en su corazón, sino poder para amar y perdonar.

Hoy en día, la iglesia está necesitando poder para resolver muchas pendencias en el área de las relaciones personales. Hay muchas personas heridas en el rebaño de Dios. Existen personas profundamente maltratadas y decepcionadas en la relación con sus hermanos. Hay muchas amarguras no curadas. Existen heridas abiertas. Hay gente repleta de resentimiento. Hay muchos líderes evangélicos encharcados de amargura, necesitando sanidad. Existen muchas familias de pastores cargando traumas y profundas decepciones por la manera como fueron tratados en la iglesia de Dios. Hay muchos creyentes débiles y enfermos por causa de conflictos, peleas y contiendas no resueltas.

Existen personas en la iglesia que se comportan como Caín, trayendo ofrendas al altar de Dios, pero con el corazón lleno de ira contra sus hermanos. Existen creyentes en la iglesia que se comportan como Esaú, alimentando sed de venganza en el corazón. Hay otros que actúan como Absalón, atentando contra la vida de sus propios hermanos, porque nunca consiguieron perdonarlos. Y aún otros actúan como Saúl, lanzando flechas contra los ungidos de Dios, pagando bien con mal, porque están dominados por un espíritu de perturbación.

Donde no hay amor, no hay vida, pues quien odia a su hermano está en tinieblas y nunca ha visto a Dios. Quien no ama a su hermano no puede amar a Dios. Por eso, quien no perdona no puede ser perdonado. Pero donde prevalece el amor, reina el perdón.

El amor es un remedio infalible para curar las heridas de la amargura. El amor cubre multitud de pecados. Por lo tanto, necesitamos, poder para amar. ¡Necesitamos el Pentecostés para perdonar!

No hay vida cristiana sin perdón. Aquellos que fueron perdonados deben perdonar de la misma manera que fueron perdonados. El apóstol Pablo enseña: ...*De la manera que Cristo os perdonó, así también hacedlo vosotros* (Col 3:13). El perdón de Dios para nosotros fue completo, sin merecerlo e ilimitado. De la misma forma, también debemos perdonar a quien nos ofende.

Poder para hablar de Cristo con intrepidez

En el libro de Hechos, siempre que los apóstoles y los demás creyentes eran llenos del Espíritu, predicaban el evangelio con intrepidez. Ellos buscaban poder no para impresionar a las personas con milagros, sino para predicar la Palabra con unción. En Hechos 1:8, ellos recibirían poder para testificar. En Hechos 2:4,11, al ser llenos, empezaron a hablar de las grandezas de Dios. En Hechos 2:24, al ser lleno del Espíritu, Pedro se levantó para predicar, y su sermón poderoso y cristocéntrico produjo tal impacto en la multitud que lo oía, que casi tres mil personas fueron convertidas (Hch 2:41). En Hechos 4:8, nuevamente Pedro es lleno del Espíritu y abre la boca para hablar de Jesús a las autoridades religiosas de Jerusalén. En Hechos 4:29-31, la iglesia está orando pidiendo intrepidez por causa de la persecución;

el lugar de la reunión tembló por el poder de Dios, y todos fueron llenos del Espíritu y, con intrepidez, anunciaban la Palabra del Señor. Hechos 6:8-10 habla de Esteban, el diácono lleno del Espíritu (Hch 6:5), siendo revestido con tal capacitación de gracia y poder que sus opositores no podían sobreponerse a la sabiduría y al Espíritu con que él hablaba. Improvisadamente él predicó el sermón con la mayor cantidad de citas bíblicas registrado en las Escrituras. Sus enemigos, llenos de odio, lo apedrearon, pero no pudieron callar el poder de su predicación, que hasta hoy en día nos inspira y motiva. Hechos 9:17-22 habla de la sanidad y del bautismo de Saulo de Tarso, que, inmediatamente al quedar lleno del Espíritu, empezó a predicar, afirmando que Jesús es el Hijo de Dios y demostrando que Él es el Cristo. Antes del Pentecostés, los apóstoles estaban trancados por causa del miedo y, después de él fueron encarcelados por falta de miedo, pues no podían dejar de hablar las cosas que vieron y oyeron.

Sin poder, no hay predicación. Ese es el testimonio del apóstol Pablo a la iglesia de Tesalónica: *pues nuestro evangelio no llegó a vosotros en palabras solamente, sino también en poder, en el Espíritu Santo y en plena certidumbre* (1 Tes 1:5). De igual manera, el apóstol le habla a la iglesia de Corinto:

> *Y ni mi palabra ni mi predicación fue con palabras persuasivas de humana sabiduría, sino con demostración del Espíritu y de poder, para*

que vuestra fe no esté fundada en la sabiduría de los hombres, sino en el poder de Dios (1Co 2.4,5).

Cuando Jesús resucitó de los muertos, pasó cuarenta días con los discípulos hablando sobre el reino de Dios, y el reino de Dios no consiste en palabra, sino en poder (1 Co 4:20). Fue ese sentimiento que llevó a Billy Graham, el evangelista más grande del siglo 20, a decir: "Si Dios quita su mano de mi vida, estos labios se volverán labios de barro".

Después de muchos años de trabajo misionero, John Wesley era solamente un cristiano nominal. Se convirtió el 24 de mayo de 1738 en un culto de los moravos en Aldersgate Street, en Londres. En ese mismo año, deseó una experiencia más profunda con Dios. El 1º de enero de 1739 él, su hermano Charles Wesley y George Whitefield con otros sesenta hermanos, continuaron en oración hasta las tres de la mañana. Cuando el Espíritu Santo fue derramado de manera poderosa, ellos fueron usados para sacudir a Inglaterra y sacar la iglesia de las cenizas. John Wesley vivió cincuenta y dos años después de ese revestimiento de poder. A partir de aquel día, predicó a grandes multitudes, en las minas de carbón, en las plazas y en todos los lugares donde el pueblo se reunía para oírlo. Murió el 2 de marzo de 1792, pero su vida y su ejemplo inspiran el pueblo de Dios hasta hoy en día.

Antes de su ordenación George Whitefield ayunó y oró por dos días. En su primer sermón, quince personas fueron poderosamente convencidas de pecado y convertidas. Ese gigante de la predicación al aire libre predicó durante treinta y cinco años, de tres a cinco veces por día, para auditorios de dos mil a veinte mil personas. Muchas veces, cabalgando por las calles empolvadas de Inglaterra, montado en su caballo era tomado de grandes conmociones. Las lluvias del cielo caían abundantemente sobre él. El rocío celestial mojaba su alma con unción renovada. El poder del Espíritu lo inundaba, y el pueblo fluía para oírlo con ansiedad donde quiera que él llegara.

Dwight L. Moody ya había sido usado grandemente en Chicago. Dos mujeres de la Iglesia Metodista Libre oraban fielmente por él. Al final del culto le dijeron: "Estamos orando por usted". Intrigado él respondió: "¿Por qué ustedes no oran por el pueblo?" Entonces, ellas lo miraron y dijeron: "Porque usted necesita poder". Algunos días después, el Espíritu Santo vino sobre Moody con poder en Wall Street, Nueva York. En ese momento, Moody le estaba pidiendo a Dios que lo llenara de poder. Después que Dios derramó Su Espíritu y Moody probó esa fuente de poder, él dijo: "Yo no volvería al lugar en el que estaba hace cuatro años por todo el dinero del mundo". Esa experiencia de Moody fue tan impactante que él testifica que, doblado sobre sus piernas, parecía que ondas eléctricas penetraban su cuerpo. Un regocijo indescriptible inundó su alma. Un revestimiento de poder vino sobre él. Después que él se levantó, nunca más su historia fue la misma. ¡A partir de ese día, él llevó más de quinientas mil personas a Cristo!

Más que nunca, necesitamos un Pentecostés para revitalizar la predicación en nuestros púlpitos. Hay púlpitos que están dando no el pan del cielo a las personas, sino un caldo venenoso y mortal. Hay pastores predicando otro evangelio, enseñando al pueblo doctrinas de hombres, mercadeando la Palabra y negándoles a las almas el santo evangelio de Cristo. Hay otros púlpitos que son verdaderas cátedras de erudición, pero anuncian al pueblo solamente sabiduría humana. Algunos púlpitos se han transformado en vitrinas de negocios, donde predicadores sin escrúpulos venden y ofrecen en intercambio las bendiciones de Dios y esconden del pueblo el evangelio de la gracia. Hay púlpitos que predican la sana doctrina, la ortodoxia bíblica, pero sin el aceite de la unción. Son púlpitos secos, parecen postes doctrinales, necesitados de la savia de la vida.

Si no hay unción en el púlpito, habrá muerte en las sillas. Sin predicación ungida, los muertos espirituales no resucitarán. Sermones sin unción alimentan la mente, pero no tocan el corazón. Lanzan luz a la cabeza, pero no prenden fuego en el corazón. Lutero decía que el sermón sin unción endurece el corazón. E. M. Bounds, un metodista piadoso del siglo 19, decía que estamos en búsqueda de mejores métodos y Dios está en busca de mejores hombres. Dios no unge métodos, unge hombres. Predicadores muertos sacan de sí sermones muertos y sermones muertos matan. No estamos necesitados de grandes hombres en el púlpito, sino de hombres de Dios. No estamos necesitados de grandes sermones, sino de mensajes llenos del aceite del Espíritu. No estamos necesitando apenas erudición, sino más que todo de unción. Cuando el Espíritu es derramado, aún hombres rudos como los pescadores de Galilea trastornan el mundo y atraen multitudes a los pies de Jesús.

Hoy gastamos más tiempo preocupados en preparar el mensaje, haces investigaciones, leer comentarios y buscar la exégesis para los términos basado en las lenguas originales que preparándonos espiritualmente para entregar el mensaje. La preparación del Sermón es muy importante. Pero no puede para allí. Dios no unge estructuras literarias. Dios no unge simplemente el mensaje, sino más que todo al predicador. Martyn Lloyd-Jones dice que predicación es lógica en fuego. ¡Tiene que venir de un hombre que está inflamado por el fuego del Espíritu!

Jonathan Edwards predicó un sermón poderoso sobre el tema "Pecadores en las manos de un Dios airado". Más o menos quinientas personas sufrieron tal impacto con el mensaje que gemían, lloraban, gritaban, agarradas a las bancas y postes del templo, tomadas de profunda convicción del pecado. Ese mismo sermón está impreso. Podríamos predicarlo literalmente, y los resultados serían muy diferentes. La unción no estaba en el mensaje, sino en el mensajero. El método de Dios es el hombre. Dios unge hombres, y no métodos. Por lo tanto, necesitamos el poder del Espíritu Santo para predicar la Palabra con poder e intrepidez.

Poder para ir hasta los confines de la tierra (Hch 1:8)

Sin el poder del Espíritu, la iglesia pierde la visión y la pasión. Sin el poder del Espíritu, la iglesia se encoge y enmaraña sus armas. Sin el poder del Espíritu, la iglesia se intimida y se esconde dentro de sus cuatro paredes, pues es más fácil quedarse que salir, es más confortable permanecer en el nido que salir al campo. Solamente el Pentecostés puede dar sentido de urgencia a la iglesia con respecto a su misión. Sólo el derramamiento del Espíritu puede desviar los ojos de la iglesia de sí misma y levantarlos para ver los campos blancos para la cosecha. Solamente el poder del Espíritu puede ampliar la visión de la iglesia sobre la visión misionera.

El proyecto de Dios es todo el evangelio, por toda la iglesia, a todo el mundo, a cada criatura. Cualquier visión que no sea la de todo el mundo no es la visión de Dios. El mundo yace en las tinieblas. Por más antiguas que sean las religiones, están sumergidas en las tinieblas. Las filosofías humanas, por más especializadas que sean, están cubiertas de tinieblas. Sólo Jesús es la luz del mundo. Sólo Él puede disipar las tinieblas del pecado. Solamente en Él hay salvación.

Cuando es bañada por el aceite del Espíritu, la iglesia pasa a darle prioridad a las misiones como tarea más urgente. Vea tres verdades fundamentales sobre este aspecto:

a) *Las misiones son una tarea imperativa.* Cuando Oswald Smith empezó su ministerio en la Iglesia del Pueblo, en Toronto, Canadá, la iglesia estaba endeudada y con la vida financiera estremecida. Contrariando las expectativas del liderazgo de la iglesia, él empezó predicando una serie de mensajes sobre misiones y la necesidad de que la iglesia invirtiera prioritariamente en esa tarea de consecuencias eternas. El último día de las conferencias, él levantó una gran ofrenda para misiones e hizo el desafío para que las personas se levantaran en la iglesia como misioneros. Dios hizo una bendita revolución en la iglesia. Las finanzas se afianzaron. La iglesia creció extraordinariamente y desde ese entonces centenas de misioneros fueron sostenidos por esa iglesia, que pasó a invertir 60% de su presupuesto en la obra misionera. Visité esa iglesia en Canadá en agosto de 1998 y constaté que ese énfasis permanecía hasta ese momento. La Biblia dice que *el que gana almas es sabio* (Pr 11:30). Quien invierte en misiones, contribuye con misiones y hace misiones está afinado con el latir del corazón de Dios.

b) *Las misiones deben ser la prioridad no sólo de nuestras inversiones, sino también de nuestra propia vida.* Cuando le preguntaron a Charles Studd, que dejó Inglaterra y renunció a su fama y riqueza para ser misionero en China, India y África, el por qué tanto sacrificio, él respondió: "Si Jesucristo es Dios y dio su vida por mí, entonces no hay sacrificio tan grande que yo no pueda hacer por amor a Él".

Cuando el joven presbiteriano Ashbel Green Simonton, recién graduado en el Seminario de Princenton, Nueva Jersey, hijo de médico y diputado federal por dos legislaturas, sintió el llamado de Dios para ir a Brasil, fue aconsejado por los amigos para dejar de lado la arriesgada tarea. Muchas iglesias grandes en los Estados Unidos lo querían como pastor. Él estaba acostumbrado a una vida de comodidades. Brasil era un país pobre y muy afectado por enfermedades endémicas. Pero, a pesar de todos esos factores, él respondió: "El lugar más peligroso para un hombre es totalmente seguro cuando se está en el centro de la voluntad de Dios". Él fue. Llegó a Brasil el 12 de agosto de 1859. Durante ocho años, realizó allí un ministerio glorioso. Plantó la Iglesia Presbiteriana del Brasil y partió para la gloria a los treinta y cuatro años de edad, pero su vida hasta hoy es fuente de inspiración para muchos obreros. Su vida ardió en el altar de Dios. Porque su ideal era más grande que la vida, él dio la vida por su ideal.

En el siglo 19, Alexander Duff dejó Escocia y fue a la India. Allí gastó su vida. Allí derramó su corazón. Allí hizo arder su alma por Dios en una profunda devoción por la salvación de los perdidos. Después de viejo y cansado, enfermo y con las fuerzas acabadas, volvió a su país para tratamiento de salud. También hizo conferencias misioneras para despertar otras vocaciones que dieran continuidad a su trabajo. Una vez, en un gran auditorio, hablaba a centenas de jóvenes. Predicó con gran pasión. Derramó su corazón en un apelo vehemente a los jóvenes, convocándolos para dejar Escocia e ir a la India. Para sorpresa suya, ningún joven atendió su llamado. Él quedó tan chocado con la respuesta negativa del auditorio que tuvo un ataque cardíaco en el púlpito y se desmayó. Lo llevaron a una sala al lado del púlpito, le dieron un masaje en el pecho y él volvió en sí. Entonces, pidió que lo llevaran de regreso al púlpito, de manera que pudiera terminar su invitación. Los médicos le dijeron que no podía volver al púlpito. Pero él insistió: "Yo no puedo dejar de volver. Tengo que terminar el llamado". Entonces lo llevaron al púlpito, y el auditorio lo oyó atentamente. Aún con voz temblorosa, se dirigió a la selecta audiencia con estas palabras: "Jóvenes, si la reina de Escocia los convocara para cualquier misión diplomática, en cualquier lugar del mundo, ustedes irían con orgullo y sin parar. El Rey de reyes, el Señor de señores, aquel que los amó a ustedes y murió en su lugar en la cruz, los convoca para ir a India como embajadores del cielo, y ustedes no quieren ir. Entonces yo iré. Ya estoy viejo, cansado y enfermo. Podré hacer poco, pero por lo menos moriré a las orillas del Ganges, y el pueblo de la India sabrá que alguien los amó y se dispuso a ir hasta ellos, llevando la buena nueva de la salvación". Cuando Alexander Duff terminó el llamado, el auditorio estaba en lágrimas. El Espíritu de Dios produjo gran quebrantamiento en esa ilustre asamblea, y decenas de jóvenes se levantaron atendiendo el llamado al desafío de ir a la India.

c) *Las misiones también son una tarea intransferible.* Solamente la iglesia puede realizar misiones. Dios no confió esa tarea a los ángeles ni a los poderosos de este mundo. Ninguna organización mundial, por más opulenta y rica que sea, puede cumplirla. La iglesia es el método de Dios para alcanzar todas las naciones hasta los confines de la tierra. Debemos hacer misiones por diversas razones. Primero, para librar nuestra propia piel. Si nos callamos, seremos tenidos como culpables. Si el impío muere en su impiedad, sin que le avisemos, él perecerá, pero su sangre será cobrada de nuestras manos. Segundo, para arrebatar los perdidos del fuego. La ignorancia no es una puerta secundaria para entrar al cielo. Quien sin ley peca sin ley perecerá. No hay salvación fuera de Cristo. Dios resolvió salvar al pecador por medio de la locura de la predicación. *¿Pero cómo oirán si no hay quien predique? La fe viene por el oír la Palabra, ¿pero cómo creerán si no oyen?* Los hombres están yendo hacia la perdición eterna. Tenemos que avisarles del enorme y grave peligro que corren. Tercero, porque no hacer misiones es desobediencia. No obedecer esa orden de Jesús de Nazaret es rebeldía. Cuarto, debemos hacer misiones para la gloria de Dios. Cuando el pecador se arrepiente y cree en el Señor Jesús, recibe la vida eterna, la gracia de Dios es exaltada, y el Dios de toda la gracia es glorificado.

Se cuenta que cuando Jesús terminó su obra de redención en el mundo, muriendo en la cruz y resucitando de los muertos, volvió a la gloria, siendo recibido majestuosamente por los ángeles. Un ángel se acercó a Jesús y le preguntó: "Señor, tú moriste en la cruz para la salvación de los pecadores. ¿Pero quién va a llevar ese mensaje al mundo entero?" Jesús respondió: "Yo dejé en la tierra doce hombres preparados para esa misión". Entonces, el ángel, arriesgó una segunda pregunta: "¿Pero, Señor, y si ellos fallan?" Rápidamente Jesús le respondió: "Si ellos fallan, yo no tengo otro método". Esa misión es nuestra. Es intransferible. Por eso, necesitamos el poder del Espíritu para realizarla.

Las misiones son, además, una tarea que no puede ser postergada. No podemos relevarnos de en esa tarea, pues sería una actitud criminal. No podemos postergar lo que debe ser nuestra misión más urgente. Cada día que pasa puertas se cierran y otros atajos aparecen para desviar a las personas. Cada día surgen, en cualquier esquina, sectas predicando un evangelio falso, otro evangelio, haciendo que los incautos caminen por los caminos del error. Doctrinas satánicas ganan espacio, conquistando terreno, invadiendo universidades, entrando en los medios de comunicación delante nuestro. Estamos viendo desde el siglo pasado la "orientalización" del Occidente. El espiritualismo con sus diversas caras está penetrando en la cultura subyacente de nuestro pueblo. Los centros espiritistas crecen como hongos en todos los cuadrantes de nuestros países. Las sectas herejes conquistan terreno todos los días. Y lo peor de eso es que la iglesia duerme, mientras el enemigo siembra su cizaña maldita en medio del trigo de Dios. Tenemos que despertar. Tenemos que levantar los ojos. Tenemos que ver los campos que están blancos para la cosecha. Tenemos que entender que nuestra comida y nuestra bebida es hacer la voluntad de Dios, y la voluntad de Dios es que llevemos todo el evangelio a toda criatura, a todas las naciones, hasta los confines de la tierra.

La Primera Iglesia Presbiteriana de Vitória, ES, Brasil, comunidad en la que soy pastor hace más de 30 años, tiene el privilegio de apoyar el ministerio de un ilustre pastor y misionero brasileño Ronaldo de Almeida Lidório. Él fue misionero pionero entre los Konkombas, en Ghana. Dejó todas las comodidades de su país y fue a la región desértica de África, se adentró en la selva, atravesó ríos y plantó sus pies en la aldea Koni, entre la tribu de los Konkombas, hechiceros históricos y fetichistas. Allí, en compañía de su esposa, él derramó su alma en oración fervorosa por aquellas almas pérdidas. En cinco años de trabajo, recorrió lugares nunca alcanzados, organizó diez iglesias con cerca de dos mil personas, arrancándolas de las más densas tinieblas del pecado. Aun sufriendo con veintiún malarias, no perdió la pasión ni la visión. Al quedar hospitalizado por un envenenamiento de agua, la misión que lo envió, pensó en llevarlo de regreso definitivamente a Brasil, argumentando que él ya había dado su extraordinaria contribución. Pero él respondió: "Yo no estoy pensando en regresar, pero quiero continuar un poco más, para alcanzar tribus no alcanzadas".

En una tribu indígena, un joven se alistaba para ser el cacique. Era un joven inteligente, ágil y con un espíritu de liderazgo fuerte. Su cuerpo atlético y fuerte lo hacia la esperanza de toda la tribu. Sin embargo, una enfermedad le quitó sus fuerzas, diezmo su vigor y le quitó el brillo de sus ojos. Toda la tribu afligida, buscó los recursos disponibles para salvarlo. Pero todo era en vano. La enfermedad no retrocedía. Entonces, el joven, con el cuerpo debilitado por la enfermedad, los ojos perdidos en el infinito y la seguridad de la inminente muerte, se acercó a su vieja mamá y le preguntó: "¿Mamá, a dónde voy cuando muera?" La mamá, afligida, le respondió: "Hijo mío, no sé". Los días fueron pasando, y el joven, ahora con el cuerpo esquelético y mirada perdida, ya en las piernas de la mamá, con voz débil, le preguntó: "Mamá estoy muriendo. ¿A dónde va mi alma? ¿Qué va a ser de mi cuando muera?" La mamá, llorando, lo apretó contra su pecho y dijo: "Hijo mío, yo no sé". El joven, no resistió la enfermedad, murió sin saber para dónde iba.

Meses después, llegó a aquella tribu un misionero predicando el evangelio, hablando del cielo, la vida eterna y la seguridad de la salvación. Mientras el misionero predicaba esas buenas nuevas de salvación, salió de una choza una mujer anciana, con la cara llena de dolor y los ojos hinchados de tanto llorar; ella corrió en dirección al misionero y lo agarró por los brazos, lo sacudió violentamente y gritó: "¿Por qué no vino antes? ¿Por qué no vino antes?" Era la mamá del joven que había muerto sin saber para dónde iba. Es muy frustrante llegar atrasado. Es doloroso llegar muy tarde. O alcanzamos nuestra generación para Jesús, o entonces habremos fracasado en nuestra misión. Por eso necesitamos poder, el poder del Espíritu, para salir de nuestra comodidad, para orar por misiones aquí y en cualquier lugar del mundo antes que sea demasiado tarde.

Poder para probar lo extraordinario en lo cotidiano (Hch 3:6)

Los apóstoles no agendaban milagros. No marcaban cultos de liberación y sanidad. No había previsibilidad anticipada. No actuaban como secretarios del Espíritu Santo, intentando controlar y manipular su agenda. Ellos no hacían propaganda de las señales. No colocaban letreros anunciando la presencia de hombres poderosos. No hacían exposición de sus capacidades espirituales. Las cosas sucedían dentro de la libertad y soberanía del Espíritu, Ellos no desviaban los ojos del pueblo hacia la iglesia, ni tocaban trompeta delante de sus propias virtudes. Convergían todos los cañones de luz sobre Jesús.

Los apóstoles no comercializaban el poder. Ellos no vivían metidos en torres de marfil, llenos de sí, como gallos de pelea, en la cúspide de la fama. Ellos no chantajeaban ni mercadeaban la Palabra. No explotaban el pueblo en nombre de la fe. No extorsionaban los neófitos usando palabrerías para vender sus productos religiosos. No falsificaban milagros. No hacían trampa. No gritaban para llamar la atención hacia sí mismos.

Los apóstoles no usaban artimañas para crecer. No prometían riquezas, prosperidad y salud. No prometían al pueblo bondades terrenales y temporales, con la finalidad da atraer multitudes. Ellos no predicaban un evangelio fácil. Traían en el cuerpo las marcas de los latigazos, la historia de las prisiones y de la privación financiera. El poder de ellos no era la ostentación financiera. La influencia de ellos no era la movilización política. Ellos eran hombres revestidos con el poder del Espíritu. Por eso, Pedro pudo decir al paralítico: *No tengo plata ni oro, pero lo que tengo te doy; en el nombre de Jesucristo de Nazaret, levántate y anda* (Hch 3:6). El primer milagro fue levantar al que estaba postrado. El Espíritu Santo vino para levantar al hombre caído.

Necesitamos poder para tener ordinariamente una vida extraordinaria. Quien vive en el reino de la fe pisa en el terreno de los milagros. No necesitamos arrastrarnos con los pies en el barro; podemos levantar vuelo como las águilas y vivir en la intimidad de Dios. No tenemos que vivir de manera mediocre; podemos probar las insondables riquezas del evangelio de Cristo. No tenemos que vivir una vida árida; podemos tener sobre nosotros el rocío del cielo, los torrentes del Espíritu. No tenemos que vivir una vida vacía; podemos ser llenos del Espíritu. No necesitamos vivir debilitados y sin fuerzas; tenemos a nuestra disposición la suprema grandeza del poder de Dios. Es el tiempo de adueñarnos de la vida abundante que Cristo ofrece. Es el tiempo de beber de esa fuente que nunca se seca. Ha llegado la hora de probar el fluir de los ríos de agua viva manando de nuestro interior. Podemos entrar en las aguas profundas de ese río. Sí, lo que Dios tiene aquí para nosotros es lo extraordinario en lo cotidiano y más allá del río, *lo que ningún ojo vio y ningún oído oyó ni jamás subió al corazón del hombre.*

4

LOS RESULTADOS DEL PENTECOSTÉS

YÁ DEJAMOS EN CLARO QUE EL PENTECOSTÉS es el resultado de una promesa del Padre y de una espera obediente, perseverante y llena de expectativa de una vida poderosa. El Pentecostés vino como resultado de una vida de oración, capacitando la iglesia con poder para vivir, morir y predicar el evangelio.

Ahora, miraremos el Pentecostés bajo el prisma de sus resultados.

1. EL PENTECOSTÉS FUE UN FENÓMENO CELESTIAL

El Pentetostés no fue algo producido, ensayado, fabricado, teatralizado. Algo verdaderamente del cielo sucedió. El Pentecostés fue incontestable — nadie puede negar su existencia. Fue irresistible — nadie puede producirlo. Fue eficaz — nadie puede deshacer sus resultados. Fue singular — el Espíritu Santo vino para permanecer eternamente con la iglesia, como el otro Consolador.

El fenómeno del derramamiento del Espíritu incluyó:

a) *Sonido* — No fue ruido, algazara, falta de orden, histeria, sino un sonido del cielo. El Pentecostés fue audible, verificable, público, transpirando hacia afuera del aposento alto, revirtiendo su influencia en la sociedad. Ese acontecimiento insólito atrajo gran muchedumbre que estaba en Jerusalén para oír la Palabra de Dios (Hch 2:5,6).

b) *Viento* — El viento es símbolo del Espíritu Santo. El hebreo tiene solamente una palabra para *viento* y *soplo*. El hombre pasó a ser alma viviente cuando Dios sopló en su nariz. Fue el aliento de Dios que le dio vida. Dios renueva la faz de la tierra, enviando su Espíritu (Sal 104:30). El Espíritu sopló en el valle de los huesos secos, y del valle brotó vida (Ez 37:9,10). Jesús dijo que *el viento sopla de donde quiere, y oyes su sonido; mas ni sabes de dónde viene, ni a dónde va* (Jn 3:8), El viento es libre — nadie puede domarlo; sopla donde quiere. Muchas veces, sopla donde jamás soplaríamos y deja de soplar donde estamos soplando con todas las fuerzas. El viento es soberano — nadie puede resistirlo. El viento es misterioso — nadie sabe de dónde viene ni para dónde va. El viento tiene una voz; tenemos que oírla y obedecer.

c) *Fuego* — El Espíritu vino en lenguas como de fuego. El fuego también es símbolo del Espíritu. El fuego ilumina, pues quien es nacido del Espíritu no anda en tinieblas. El fuego purifica, quemando todos los escombros que llena las fuentes de nuestra vida. El fuego calienta, sacándonos de la frialdad espiritual e inflamando nuestro corazón. El fuego se esparce, pues cuando estamos llenos del Espíritu es imposible que quede escondido. Cuando estamos llenos del Espíritu, las personas que están a nuestro alrededor lo ven y sufren su impacto. Dios es fuego. Su Palabra es fuego. Su Espíritu vino en lenguas como de fuego. Jesús bautiza con fuego. ¡Él hace de sus ministros llamas de fuego!

d) *El fenómeno de las lenguas* — Las personas que fueron llenas del Espíritu empezaron a hablar en otras lenguas. No había necesidad de interpretación (Hch 2:8,11), lo que representa la universalidad del evangelio.

2. EL PENTECOSTÉS FUE UN FENÓMENO QUE TRAJO PLENITUD DEL ESPÍRITU SANTO A TODOS

Todos estaban reunidos en el mismo lugar cuando el Espíritu Santo fue derramado sobre ellos y todos fueron llenos del Espíritu (Hch 2:4). A partir de entonces, pasaron a tener una calidad de vida superlativa y fueron dirigidos por el Espíritu: 1) el Espíritu llenó a Pedro, que predicó con denuedo ante el sanedrín (Hch 4:8); 2) el Espíritu movió a Felipe, que dejó el avivamiento en Samaria y fue al desierto para predicar al eunuco (Hch 8:29); 3) el Espíritu preparó a Pedro para la llegada de los emisarios de Cornelio (Hch 10:19); 4) el Espíritu ordenó a Pedro que fuera sin titubear a esos emisarios para abrir la puerta del evangelio a los gentiles (Hch 11:12); 5) el Espíritu ordenó que la iglesia de Antioquia serparara a Bernabé y a Saulo para la obra misionera (Hch 13:1,2); 6) el Espíritu orientó las decisiones del consejo de Jerusalén (Hch 15:28); 7) el Espíritu guio a Pablo para hacer misiones en Europa (Hch 16:6).

Por el hecho de probar continuas efusiones del Espíritu, los apóstoles enfrentaron con gallardía y poder toda la oposición de las autoridades judías. Soportaron con heroísmo los latigazos. No se intimidaron ante las amenazas. No temieron las prisiones ni dieron marcha atrás ante las presiones. Enfrentaron sin temor la propia muerte. En todas esas circunstancias adversas, salieron rebosando de alegría y del Espíritu Santo (Hch 13:52).

3. EL PENTECOSTÉS PROVOCÓ DIVERSAS REACCIONES

Cuando el Espíritu de Dios es derramado sobre la iglesia produce efectos gloriosos, y las personas que lo observan tienen reacciones diferentes.

Reunidos sin *marketing*

Hechos 2:5,6 narra el hecho insólito de la multitud presente en Jerusalén siendo atraída de manera irresistible hacia el lugar donde estaban los discípulos reunidos. Está es una marca irrefutable del genuino avivamiento: las personas son movidas por el propio Espíritu de Dios a buscar refugio en medio de los cristianos. Las personas son arrastradas por una fuerza irresistible. Todas las barreras son quebradas. Todo el preconcepto cae a tierra. Toda la resistencia se deshace, y las multitudes sedientas, necesitadas, en angustia del alma, buscan la iglesia. No es necesaria propaganda, ningún artificio humano o promesas espectaculares para atraer las multitudes. Los pecadores corren hacia la iglesia y con prisa arreglan la vida con Dios.

La historia de los avivamientos prueba con claridad esta tesis. Fue así en el gran despertar espiritual de Inglaterra en el siglo 18. Cuando George Whitefield se levantaba para predicar en las plazas, las multitudes se codeaban, sedientas de oír su mensaje. Cuando Juan Wesley iba a las minas de carbón, aquellos hombres, antes rudos, lloraban quebrantados por su predicación. En el país de Gales, en el siglo 18, Dios salvó a un joven llamado Howell Harris, usando no un sermón, sino el aviso dominical sobre la cena del Señor. Al ser convertido Howell Harris, no sabía predicar. Meses después de su conversión recibió poderosa visitación del Espíritu y a partir de ese entonces pasó a tener gran pasión por las almas. Aun no sabiendo predicar, empezó a leer libros evangélicos a las personas. La unción de Dios cayó sobre él de tal manera que las personas sufrían gran impacto con sus lecturas. Después, ese hombre recibió de Dios la capacitación para predicar y vino a ser uno de los avivamentalistas más grandes de aquel siglo en su país. Llego a ser un predicador elocuente y ungido. Las multitudes oían con profundo interés su predicación, y centenas de personas fueron salvas por medio de su ministerio.

En el siglo 19, en el gran avivamiento que barrió todos los Estados Unidos, Dios usó de manera tremenda al abogado Charles Grandison Finney. Donde él llegaba para predicar, Dios operaba maravillosamente. Los corazones se derretían y las rodillas se doblaban ante el Salvador Jesús por su predicación.

En cuanto a Dwight L. Moody, desde que fue revestido con el poder del Espíritu en Wall Street, Nueva York, siempre que se levantaba para predicar, las personas se juntaban ansiosas por oírlo. Como ya afirmamos, a partir de esa bendita experiencia, Moody llevó a Cristo más de quinientas mil personas.

La Biblia dice de Juan Bautista, lleno del Espíritu, era una voz, y no un eco, y por eso las multitudes dejaban Jerusalén con todo su aparato religioso, el sumo sacerdote y los maestros de la ley e iban al desierto para oírlo. Lo que más importa no es si estamos en un púlpito elocuente y culto, en una catedral o en un templo sin piso o aún en el desierto. Lo que importa es si nuestro ministerio está irrigado por el aceite del Espíritu. Lo que importa es si hay unción en nuestra vida. De nada sirve elocuencia culta sin poder. De nada sirve conocimiento sin unción. De nada sirve tener cursos y más cursos si el rocío de Dios no cae sobre nosotros. Nuestros diplomas no pueden atraer multitudes para oír la Palabra. Nuestros títulos no nos dan las credenciales para tener un ministerio fructífero.

En 1904, Dios derramó uno de los avivamientos más extraordinarios sobre la tierra, en la pequeña ciudad de Loughor, País de Gales. Todo empezó cuando el joven Evan Roberts comenzó una reunión de oración en su iglesia. El viento impetuoso del Espíritu sopló con tal poder sobre aquella iglesia que, dentro de una semana, toda la ciudad había sido tocada por el poder de Dios. Las llamas de ese avivamiento barrieron todo el país y se esparcieron a otros parajes.

Dentro de seis meses, cerca de cien mil personas habían sido salvas por Cristo. Las multitudes corrían apresuradas a las reuniones de oración, alabanza y testimonio. Dios hizo una limpieza en la sociedad. Los antros de pecado fueron deshechos. Los prostíbulos cerraron. Los casinos cerraron las puertas. Los teatros tuvieron que cancelar sus programas. Los estadios de fútbol quedaron desocupados, porque el pueblo tenía afán de ir a la iglesia para arreglar su vida con Dios.

Al visitar la misión Kwa Sizabantu, en África del Sur, y leer los libros que narran el gran avivamiento sucedido allí en 1966, pude constatar que, enseguida que Dios derramó el Espíritu sobre el pueblo zulú, que oraba en lágrimas pidiendo los torrentes del cielo, los hechiceros de la región empezaron a venir a la misión, con profundos sollozos en el alma, en agonía por causa del peso de sus pecados. Caravanas venían de todos los lados a pie, en carro y en la parte de atrás de los camiones, porque eran atraídas irresistiblemente por el Espíritu de Dios.

El poder del Espíritu sobre la iglesia tiene mayor impacto sobre las multitudes que las pancartas, que los medios de comunicación, que la mejor y más bien elaborada y agresiva propaganda. Muchas veces, las personas pasan a diario por las calles en frente de nuestros templos y no notan que allí adoramos al Dios vivo. No son tocadas ni atraídas. Donde el viento de Dios sopla, dónde el fuego de Dios baja, las personas caen de rodillas y reconocen que solamente el Señor es Dios.

Discriminación

Mirad, ¿no son galileos todos estos que hablan? (Hch 2:7). Esa observación está basada en una actitud de soberbia de profunda discriminación. Galilea era considerada por los judíos ortodoxos una tierra pagana. Era llamada Galilea de los gentiles, tierra de tinieblas, tierra de gente impía, retardada, pobre, enferma y marginalizada. Fue eso lo que Natanael le dijo a Felipe sobre Jesús: *¿De Nazaret puede salir algo de bueno?* (Jn 1:46). Dios llama las cosas débiles de este mundo para avergonzar las fuertes. Él llena los galileos con su Espíritu, para revolucionar el mundo con ellos.

Pero, a pesar del preconcepto sobre el origen, la cuna, la educación y el estatus de aquellos que estaban hablando de las grandezas de Dios, no fue posible negar la realidad innegable de que algo extraodinario estaba sucediendo. En el Pentecostés, sucede lo contrario de lo que sucedió en la torre de Babel. Allí las personas hablaron y hubo confusión de las lenguas. En el Pentecostés, los creyentes hablaron y hubo entendimiento, cada uno en su lengua materna (Hch 2:8,11). Donde reina el Espíritu de Dios, allí hay entendimiento y no confusión.

Escepticismo

Y estaban todos atónitos y perplejos, diciéndose unos a otros: ¿Qué quiere decir esto? (Hch 2:12). Había en el Pentecostés dos grupos: los que preguntaban (Hch 2:7,12) y los que afirmaban (Hch 2:13). Había un grupo escéptico, lleno de dudas e interrogantes. Ellos sabían que algo extraordinario estaba sucediendo, pero no comprendían de que se trataba. Estaban atónitos, perplejos. Formaban un grupo que no podía creer lo que veía. Hoy en día también hay muchos céticos. Gente que sabe que Dios tiene poder, que nunca cambia, que opera maravillas hoy como siempre hizo en el pasado, pero esas personas prefieren quedarse atónitos y perplejos a creer en la simplicidad. Son personas que hacen todas las preguntas pero no abren el corazón a las respuestas de Dios. Son personas que cuestionan todo, pero no tienen disposición para obedecer.

Burla

Mas otros, burlándose, decían: Están llenos de mosto. (Hch 2:13). Estos se apresuran a sacar una conclusión, aunque sea precipitada. Son aquellos que siempre tienen una explicación, aunque sea falsa. Son aquellos que se constituyen en jueces y se suben en el trono de juicio, solamente para hacer acusaciones sin fundamento contra sus hermanos. Este grupo subió la colina del monte Sion, aproximandose al aposento alto, oyó los 120 que hablaban de las grandezas de Dios y enseguida sacaron conclusiones: están borrachos, llenos de mosto.

Para los que se burlan, los discípulos eran personas retardadas, sin cerebro, emocionalmente perjudicadas, gente sin razón, sin neuronas. Decían que aquellas personas llenas del Espíritu estaban viviendo una catarsis, una histeria colectiva, una paranoia religiosa. Pedro dice (Hch 2:15) que aquella era la tercera hora del día (nueve de la mañana), pero, para el que quiere calumniar, la incoherencia no representa problema. La lógica del maldiciente es siempre la generalidad del mal.

4. EL PENTECOSTÉS ABRIÓ CAMINO PARA UNA PREDICACIÓN CONFRONTADORA Y PODEROSA

Una de las marcas del avivamiento genuino es la predicación fiel de las Escrituras. Pedro, al ser lleno del Espíritu, se levantó para predicar. Él no gritó palabras de humana sabiduría. No habló enseñando solamente principios religiosos a la multitud. Su mensaje fue poderoso no por causa de su elocuencia, sino por causa de su contenido, ungido por el aceite del Espíritu.

Una predicación cristocéntrica en su esencia (Hch 2:22-36)

El sermón de Pedro en el Pentecostés tuvo cuatro argumentos:

a) *La muerte de Cristo* — La cruz no fue un accidente, sino parte del plan eterno de Dios (Hch 2:23; 3:18; 4:28; 13:29). La cruz no fue una derrota para Jesús, sino su exaltación. Él marchó hacia la cruz como un rey a su coronación. Fue en la cruz que él conquistó para nosotros eterna redención y triunfó sobre el diablo y sus huestes, exponiéndolos al desprecio. Fue en la cruz que Dios probó de manera más elocuente su amor por nosotros y su repudio del pecado. En la cruz, la paz y la justicia de besaron. Cristo no murió en la cruz como mártir. Él expontaneamente se entregó por nosotros. La cruz no fue un expediente de última hora, sino un plan eterno que nos revela la santidad de Dios y su amor inconmensurable.

b) *La resurrección de Cristo* (Hch 2:24,32) — No adoramos al Cristo que estuvo vivo y está muerto, sino al Cristo que estuvo muerto y está vivo por los siglos de los siglos. El Cristo al que servimos no es un Cristo muerto, vencido, preso a la cruz, impotente, sino el Jesús victorioso, que triunfó sobre la muerte, derrotó el pecado, deshizo las obras del diablo, cumplió la ley, satisfizó la justicia de Dios y nos dio eterna redención.

c) *La exaltación de Cristo* (Hch 2:33) — Al consumar su obra en el mundo, Jesús resucitó en gloria y envió a sus discípulos para predicar el evangelio a todo el mundo, a cada criatura. Después regresó al cielo, entró en la gloria, fue recibido majestuosamente por los ángeles y se sentó a la diestra del Padre, para gobernar la iglesia, interceder por ella y revestirla con el poder de su Espíritu.

d) *El señorío de Cristo* (Hch 2:36) — Jesús es dueño, Señor y Rey sobre todo y todos. Él ejerce autoridad suprema sobre nuestra vida. El contenido del mensaje de Pedro fue Jesús, y solamente Jesús. Cuando el Espíritu viene sobre nosotros con poder, no tenemos otro tema para predicar. El ministerio del Espíritu Santo es exaltar a Jesús (Jn 16:13,14). Una vida llena del Espíritu Santo es una vida cristocéntrica. El ministerio del Espíritu es el ministerio del cañón de luz. Él no lanza luz sobre sí mismo. Él no habla de sí mismo. Él no se exalta a sí mismo. Él proyecta la luz en dirección de alguien. El Espíritu Santo apunta hacia Jesús y lo exalta.

Una predicación eficaz en cuanto al propósito

Al oír esto, se compungieron de corazón, y dijeron a Pedro y a los otros apóstoles: Varones hermanos, ¿qué haremos? (Hch 2:37). La predicación de Pedro explotó como dinamita de Dios en el corazón de la multitud. Produjo una compulsión en el alma. Fue un sermón que alcanzó, como decían los puritanos de la Inglaterra del siglo 17. Pedro no se puso a darle vueltas al asunto, no intentó agradar el auditorio, no predicó un mensaje agua con azúcar sólo para estimularlos. Él puso el dedo en la herida, tocó el punto de tensión. Fue directo al nervio expuesto de la situación, diciéndoles que, a pesar de que la cruz estuviera planeada desde la eternidad, ellos eran responsables por la muerte de Cristo: *prendisteis y matasteis por manos de inicuos* (Hch 2:23; 3:13; 4:10; 5:30). Esa predicación directa, valiente y confrontadora generó en ellos una profunda convicción de pecado. Nuestra alma no se aflige más al ver las personas corriendo hacia el fuego del infierno. Estamos muy insensibles, con los ojos muy secos, con el corazón extremamente duro. Necesitamos quebrantamiento. Necesitamos predicación cristocéntrica.

Una predicación clara en sus exigencias

Pedro les dijo: Arrepentíos, y bautícese cada uno de vosotros en el nombre de Jesucristo (Hch 2:38). Pedro no tenía el propósito de entretener al auditorio ni de confortarlo. Antes de hablar de sanidad, él le reveló a la multitud su enfermedad. Antes de hablar de salvación, les mostró que ellos estaban perdidos. Antes de predicar el evangelio, anunció la ley. No hay salvación sin arrepentimiento. Nadie entra al cielo sin antes saber que es pecador. Pedro mostró que la urgencia más grande para el pecador es el cambio de mente, de corazón y de vida. Él hablaba a un grupo extremamente religioso. Jerusalén era la capital mundial de la religión judía. Todas estas personas habían ido a Jerusalén a una fiesta religiosa. Pedro también muestra que no basta con ser religioso. También muestra que no es suficiente cambiar de religión; es necesario cambiar de vida. El grito de Dios que hace eco desde el cielo para todos es: ¡Arrepentíos!

Hemos visto un cambio preocupante en la predicación hoy en día. Se ha predicado mucho sobre liberación y casi nada sobre arrepentimiento. Los predicadores gritan de los púlpitos diciendo que las personas sufren porque están poseídas, con hechizos, con espíritus malignos. Dicen que lo que necesitan es liberación. Pero eso es apenas la mitad de la predicación. Aunque la persona de verdad este poseída y sea liberada, su problema no está resuelto. Todos pecaron. Todos están destituidos de la gloria de Dios. Todos tienen que arrepentirse. El hombre es culpable, no simplemente una víctima. Él tiene que colocar la boca en el polvo. Tiene que bajar las armas. Tiene que doblarse delante de Dios. El más virtuoso de los hombres no puede ser salvo sin arrepentimiento. El pecado no sólo es una cuestión de lo que hacemos sino de quién somos. No somos pecadores porque pecamos, sino que pecamos porque somos pecadores. Nuestra naturaleza es pecaminosa. La savia que corre en nuestras venas está contaminada por el veneno del pecado. Nuestro corazón no es bueno como pensaba Jean-Jacques Rousseau, sino engañoso y desesperadamente perverso. No somos neutros como enseñaba John Locke; somos seres caídos y con tendencia al mal. Necesitamos el viento impetuoso del Espíritu y el fuego del cielo para predicar con poder el urgente mensaje de arrepentimiento.

Una predicación específica en cuanto a la promesa

Hechos 2:38 habla de dos promesas para el que se arrepiente: una está unida al pasado, y la otra al futuro: *para perdón de los pecados; y recibiréis el don del Espíritu Santo*. Después del arrepentimiento hay *perdón de pecados*, perdón y salvación. Pedro está mostrando que sin perdón, sin purificación, no existe plenitud del Espíritu para nosotros. Pero, después que somos perdonados, estamos preparados para recibir *el don del Espíritu Santo*. Después que ajustamos nuestra vida con Dios, hay derramamiento del Espíritu. Primero, preparamos el camino del Señor, allanamos los valles, nivelamos los montes, enderezamos los caminos torcidos y aplanamos los escabrosos; entonces Dios se manifiesta en todo su esplendor, trayendo salvación. Primero, el pueblo se vuelve hacia Dios de todo corazón, con lloro, ayunos, abriendo el corazón; después el Espíritu es derramado (Jl 2:12,13,28). Primero restauramos el altar del Señor que está en ruinas, colocamos sobre el altar nuestra ofrenda, y después viene el fuego de Dios (1 R 18:30-39).

Una predicación victoriosa en cuanto a los resultados

Así que, los que recibieron su palabra fueron bautizados; y se añadieron aquel día como tres mil personas (Hch 2:41). Cuando la predicación es regada por el rocío del Espíritu, produce frutos abundantes. Las personas muertas en delitos y pecados renacen para la vida como *los sauces junto a las riberas de las aguas* (Is 44:4). Una de las cosas que marco profundamente mi vida fue contemplar el vigor y la exuberancia de la Iglesia Presbiteriana de Corea del Sur. La iglesia de Corea del Sur es más joven que cualquier iglesia de Latinoamérica. Hoy la Iglesia Presbiteriana de Corea del Sur tiene más de diez millones de miembros, y aquí en Latinoamérica no sabemos cuántos somos. Sus miembros representan 23% de la población, y nosostros ni llegamos al 1%. No conseguimos explicar la razón de ese poderoso crecimiento sino por la acción poderosa y soberana del Espíritu Santo derramado sobre esa iglesia.

La predicación de Pedro no sólo produjo conversiones abundantes, sino también frutos permanentes. Aquellos creyentes que fueron bautizados hicieron un pacto con la iglesia. Ellos no eran sin iglesia, fluctuantes, colibrís, sin raíces y sin compromiso. Ellos se involucraron, permanecieron en la comunión con una calidad superlativa de vida (Hch 2:42-47).

Hoy vivimos la era de la ruptura con las instituciones. Las personas no soportan estructuras. No quieren compromiso. No hacen pactos duraderos. No plantan raíces. Hoy es difícil mantener en día el rol de miembros de la iglesia. Las personas entran por la puerta del frente y, a la menor señal de crisis, buscan la fuga por la puerta trasera. Toman sorbos en varias fuentes, buscan alimentos en varios pastos, se colocan bajo el cayado de varios pastores. Se vuelven ovejas errantes, sin rebaño, sin referencia, sin denominación, sin raices. Y, por que no se establecen firmemente, son lanzadas de un lado al otro, al sabor de los vientos de la doctrina. Son creyentes que viven buscando experiencias, andan tras la última novedad religiosa y acaban decepcionados.

La marca del Pentecostés fue otra. Aquellos nuevos creyentes permanecieron en la doctrina de los apóstoles. Ellos se unieron a la iglesia con ganas. Hoy en día algunos dicen que la iglesia no es importante. Eso no es verdad. La iglesia importa y mucho. Ella es la novia del Cordero. Es la esclava rescatada. No hay miembro fuera del cuerpo. Una brasa fuera del fuego se apaga. Estar fuera de la iglesia es ser considerado gentil y publicano. El verdadero avivamiento no disminuye el valor de la iglesia, sino que lleva a los nuevos convertidos a comprometerse con ella.

5. EL PENTECOSTÉS PRODUJO CAMBIOS PROFUNDOS EN LA SOCIEDAD

El avivamiento genuino expande su influencia más allá de las fronteras de la iglesia. El avivamiento bíblico rebosa y transpira hacia fuera de los portones de la iglesia, produciendo impacto y cambios profundos en la sociedad. Stanley Jones, un misionero famoso y un ilustre escritor, enumera en su libro *El camino*, diversos cambios que el Pentecostés produjo en la iglesia y en la sociedad. De manera resumida, quiero comentar algunos de esos cambios:

En el Pentecostés, la religión se desprendió de los lugares especialmente destinados al culto y se centralizó en un lugar universal de vida, el hogar (Hch 2:42-46)

Después del Pentecostés, la religión dejó de estar vinculada a lugares sagrados para penetrar en la melodía de la vida. El hogar, el lugar más común, más universal, debe ser el lugar más sagrado, un verdadero Betel, casa de Dios. Nuestro hogar debe ser un templo del Dios vivo, donde se reúne una iglesia santa, amorosa y llena de poder.

Muchas veces, colocamos la religión en un día sagrado: el domingo; o, en un lugar sagrado: el templo; y allá la dejamos embalsamada. El Penteconstés colocó la religión en los hogares. Toda la vida debe subir al nivel sagrado, La religión de los templos no nos salvará si los hogares están lejos de Dios. Todo en nuestra vida debe ser filtrado por lo sagrado.

La iglesia primitiva se reunía en los hogares. La iglesia creció y dominó todos los rincones del imperio romano, reuniéndose de casa en casa. La vida familiar era litúrgica. No había dicotomía entre el templo y la casa, entre la iglesia y la familia. En el hogar la iglesia disfrutaba de más comunión y estaba más cercana a las personas para evangelizarlas y asistirlas. El hogar era el cuartel general de la iglesia, la cabecera del puente para alcanzar el mundo para Jesús. Cuando la iglesia se reúne en los hogares, las familias se vuelven no solamente el objetivo más grande del evangelismo, sino también su instrumento más eficaz.

Hoy en días es triste constatar el gran abismo entre lo que las personas son en la iglesia y lo que son dentro de casa. Una vez, dando un taller para parejas, leí una nota anónima de una persona: "Mi marido ora en la iglesia una hora al día, pero cuando llega a la casa es un caballo". Hay personas que son como Naamán; tienen fama y prestigio fuera, pero, cuando llegan a la casa y se quitan la indumentaria, revelan su lepra. Hay personas que son una bendición en la iglesia y una maldición en la casa. Levantan las manos en la alabanza de la iglesia y, en la casa, levantan las manos contra la esposa y los hijos. El Pentecostés vino para construir un puente entre el templo y la casa, entre la iglesia y la familia, haciendo del hogar el centro de la religión cristiana.

El Espíritu Santo liberó la religión de la idea de una clase sagrada (Hch 1:14; 2:4)

El Espíritu Santo vino no sólo sobre los doce apóstoles, sino sobre los 120 discípulos que estaban reunidos. No existe estratificación de poder en el reino de Dios. No existe aristocracia espiritual en la iglesia. No existe una casta sagrada, superior, beatificada, elevada en la cima de los privilegios especiales. No hay jerarquía espiritual en la iglesia. No existe clero y laicos. El poder del Espíritu no es posesión de una casta sagrada. Todos los cristianos fueron constituidos sacerdocio real. Pedro y María no son mejores que los demás miembros. Ellos no recibierón más del Espíritu que los demás. No hay lugar para las estrellas en el reino de Dios. No hay espacio para pretensiones orgullosas. Todos en la iglesia son puestos a un mismo nivel: todos son siervos de

Cristo. Quien quiera ser mayor, debe ser siervo de todos. Los apóstoles lejos de buscar los aplausos del mundo, se consideraban la basura del mundo, la escoria de todos (1 Co 4:12-16). El propio Jesús no vino para ser servido, sino para servir. Él, siendo Dios, se hizo hombre; siendo rico, se hizo pobre; siendo santo, se hizo pecado; siendo bendito, se hizo maldición; siendo trascendente, se vació; siendo Todopoderoso, se acostó en un pesebre; siendo el autor de la vida, murió en una cruz para salvarnos.

En el Pentecostés las mujeres reciben el Espíritu Santo en las mismas condiciones que los hombres (Hch 1:14; 2:1,4,17)

En el Pentecostés, el Santo de los Santos fue abierto francamente a las mujeres, y la religión se libró de la idea de la superioridad de sexo. La promesa del Padre, de derramamiento del Espíritu, vino sobre hijos e hijas, sobre siervos y siervas (Jl 2:28-30). Se acabaron los preconceptos. Los grilletes de la tiranía fueron quebrados por el poder del Espíritu del Señor, allí hay libertad.

Cuando el Espíritu fue derramado, había un grupo de varias mujeres. Ellas también quedaron llenas del Espíritu. Ellas no fueron discriminadas ni excluidas. También fueron revestidas de poder. El Pentecostés resalta la dignidad que Dios siempre dio a la mujer. A lo largo de los siglos, la mujer fue saqueada de sus derechos, robada en su honra y robada en su dignidad como persona. Un sistema opresor fue minimizando a la mujer. Ella perdió su identidad, su valor, su voz. Pasó a ser apenas una propiedad del padre, siendo soltera, y del marido, siendo casada. No tenía derecho a la herencia familiar. No tenía derecho a la plena ciudadanía. Hasta sus sentimientos eran robados. De esa manera, la mujer fue víctima de preconceptos aplastantes en todas las civilizaciones a lo largo de la historia.

Pero ese nunca fue el propósito de Dios, que siempre honró a la mujer. Ella fue hecha de una obra prima mejorada. Dios no colocó la mano en el barro para formarla, sino que la hizo de la costilla de Adán. Dios no la hizo ni superior ni inferior al hombre, por eso no la tomó ni de la cabeza ni de los pies de Adán, sino de la costilla, para que le fuera compañera coigual, amada, amparada, el centro de sus afectos. Cuando formó al hombre a su imagen y semejanza, Dios lo hizo hombre y mujer. La mujer fue dada al hombre como carne de su carne y hueso de sus huesos, por lo tanto, en nada inferior. La mujer fue dada al hombre como compañera idónea, o sea, como aquella que mira a los ojos, que está al mismo nivel.

La diferencia de papeles y funciones en el matrimonio no hace al hombre superior ni a la mujer inferior. El hombre no posee más derechos que la mujer. La fidelidad conyugal que la mujer le debe al marido en el matrimonio, también se la debe el marido a la mujer. No existe un código de conducta para la mujer y otro para el hombre. Los principios de Dios no son más suaves para el hombre y más rígidos para la mujer. En Cristo, hombre y mujer son uno, tienen los mismos derechos y las mismas responsabilidades. El Pentecostés vino para enfatizar de manera gloriosa esa verdad. En la iglesia de Dios, la mujer tiene espacio, voz y voto. Aún en el Antiguo Testamento, vemos a Dios usando en posición destacada del liderazgo a mujeres como Débora y Ester. Las mujeres acompañaron y apoyaron el ministerio de Jesús. Participaron del ministerio de los apóstoles. En la iglesia primitiva había profetizas. Las mujeres siempre fueron un brazo fuerte y un amparo en la iglesia de Dios. Las mujeres siempre fueron columnas en la familia. Siempre hicieron que las cosas sucedieran, colaboradoras en la gracia de Dios. El Pentecostés vino una vez más a decir, alto y con buen sonido, que las mujeres pueden y deben ser llenas del Espíritu para ejercer un trabajo glorioso en el reino de Dios.

En el Pentecostés la religión se desprendió de la dependencia de familias privilegiadas (Hch 1:14)

El hecho de que María fuera la madre de Jesús no la destacó en el grupo. No hay aristocracia espiritual, jerarquía, beatificación o canonización en el reino de Dios. Todos somos iguales a los ojos del Creador. Todos somos real sacerdocio. Todos tenemos libre entrada a su presencia, pues el velo fue rasgado y ahora podemos entrar con intrepidez, por medio de Jesús, al Lugar Santísimo.

No honran a María aquellos que la colocan en un trono que ni ella ni las Escrituras revelan. María fue una sierva del Señor que se dispuso a hacer e hizo la voluntad de Dios. Ella fue mamá de nuestro Salvador. Pero ella no fue inmaculada, o sea, sin pecado, pues todos los que nacieron de la simiente de Adán pecaron y están destituidos de la gloria de Dios. Ella no es mamá de Dios, pues Jesús, como Dios, nunca tuvo inicio. Siendo Dios, él no fue creado, más bien es el Creador. En la condición de Dios, él no nació en el tiempo, sino que es Padre de la eternidad. María fue mamá de la naturaleza humana de Cristo, pues Jesucristo tenía doble naturaleza: una divina y otra humana. María no es mediadora, pues Jesucristo es el único mediador entre Dios y los hombres (1 Tim 2:5). María no es co-redentora, pues solamente hay salvación en el nombre de Jesús (Hch 4:12). El Pentecostés vino para mostrarnos la verdad que María, a pesar de bienaventurada y digna de ser imitada por su fe, humildad y conducta irreprensible, no es superior a ninguno de los discípulos de Cristo, pues recibió el mismo Espíritu, en la misma medida que los demás en el día de Pentecostés.

El Pentecostés liberó la religión de la idea de una edad sagrada (At 2:17)

... *Vuestros jóvenes verán visiones, y vuestros ancianos soñarán sueños* (Hch 2:17). En la mayoría de las religiones, especialmente en las religiones orientales, los ancianos siempre han sido una clase sagrada. Pero, en el Pentecostés, todas las edades se colocan en el mismo nivel. No hay conflicto de generaciones. No hay conservadurismo ni renovacionismo inconsecuente. El Espíritu de Dios no tiene preconcepto de edad. El anciano puede ser lleno del Espíritu y soñar grandes sueños para Dios. El joven puede tener grandes visiones de la obra de Dios. El anciano puede tener fuerza, y el joven puede tener sabiduría, cuando están llenos del Espíritu. El viejo puede tener dulzura, y el joven puede tener dicernimiento bajo la unción del Espíritu. Donde el Espíritu de Dios opera, ancianos y jóvenes tienen el mismo lenguaje, el mismo ideal, la misma pasión y el mismo propósito.

Por dejar a un lado los principios de Dios, el mundo occidental está viendo uno de los desastres más grandes de la historia, como un terremoto devastador, destruyendo la familia: el conflicto de generaciones. Es la guerra entre padres e hijos. Es la falta de diálogo, entendimiento y comunicación eficaz. Los padres no tienen tiempo para los hijos, y los hijos no entienden a los padres. Los padres corren tras el dinero, y los hijos se quedan huérfanos de los padres. En muchos países, las iglesias están desocupadas de jóvenes. Por causa de ese abismo de comunicación entre padres e hijos, las iglesias están con cara de museo. Pero el Pentecostés vino para mostrar que el lugar para que el joven disfrute la plenitud de la vida no es el mundo, sino la casa de Dios, el altar de Dios, pues él puede ser lleno del Espíritu y usado con gran poder en la obra de Dios.

El Pentecostés quita de la religión las posturas sagradas (Hch 2:2)

En el Pentecostés, los ciento veinte discípulos reunidos esperando la promesa del Padre estaban en la más universal de las posiciones: sentados. Ni siquiera estaban arrodillados. Muchas religiones, como el hinduismo, predican posiciones sagradas como el yoga. Pero el Espíritu de Dios vino para decir que todas las posturas son sagradas. Dios ve el corazón. Él no se impresiona con nuestros gestos ni con nuestras formas suntuosas de culto. Por eso Jesús rompió algunos protocolos. Él oraba con los ojos abiertos. Comía sin lavarse las manos. Conversaba con gente marginalizada. Sanaba en sábado. Él no se preocupaba con la forma, pues lo que le importa a Dios es la motivación, el corazón, la sinceridad. En el Pentecostés la religión se desprende del ritualismo y del ceremonialismo. Dios busca adoradores que le adoren en espíritu y en verdad. Dios quiere verdad en lo íntimo.

El Pentecostés vino para mostrar que el poder que el hombre necesita no viene de dentro, sino de lo alto (Hch 2:2-4)

Lo que sucedió allí en el aposento alto, el viento impetuoso, las lenguas de fuego, el derramamiento del Espíritu, no fueron experiencias subjetivas. Aquellas cosas extraordinarias no partieron de dentro de las personas que estaban reunidas, sino que vinieron de lo alto. Las religiones orientales, la Nueva era y la Confesión Positiva dicen que el hombre tiene poder, y su necesidad es despertar ese poder pulsante dentro de él. El humanismo predica que el hombre es su propio dios. El budismo predica que el poder que el hombre necesita viene de dentro. Pero el Pentecostés muestra que el poder que necesitamos viene de lo alto, del cielo, del trono de Dios.

El Pentecostés vino para librarnos de los traumas de fracasos pasados (Hch 1:4,5)

Jerusalén sería el último lugar donde a los apóstoles les gustaría quedarse. Allí ellos cayeron. Allí ellos fracasaron. Pero es a partir de allí que Jesús quiere restaurarlos. Donde usted cayó es donde Jesús lo quiere colocar de pie por el poder del Espíritu Santo. El Pentecostés nos da fuerzas no para huir de los problemas, sino para enfrentarlos y vencerlos en la fuerza del Espíritu. Sin el Pentecostés nuestra tendencia es huir, y no permanecer. El Pentecostés dice que usted necesita poder para cambiar, y no de cobardía para huir.

Es más fácil huir que enfrentar. Es más cómodo guardar las armas y dejar de luchar. Es más seguro estar trancado dentro de cuatro paredes, aunque con miedo, que salir a las trincheras de la lucha. Sin poder nosotros nos acobardamos. Sin la unción de Dios somos un bando de cobardes. Sin revestimiento de poder, la iglesia echa marcha a atrás como el ejército de Saúl ante el de Goliat. Sin capacitación del cielo temblamos delante del infierno y no le causamos ninguna preocupación al diablo.

Sin el Pentecostés la última palabra de nuestra vida es el fracaso, la caída, la vergüenza de la derrota. Pero, cuando el Espíritu Santo es derramado sobre nosotros, nos volvemos valientes como David ante Goliat. Cuando Dios sopla sobre nosotros el aliento de su Espíritu Santo, reaccionamos con optimismo ante las circunstancias adversas, como el propio David en Siclag (1 S 30:6), y salimos a la pelea, agarrados en las promesas de Dios para triunfar sobre nuestros enemigos y reconquistar todo lo que Dios nos dio. Cuando el aceite de Dios se derrama sobre nuestra cabeza, ni latigazos, ni cadenas, ni prisiones, ni la misma muerte nos puede detener. La iglesia de hoy necesita urgentemente esa visitación del Espíritu Santo, ese derramamiento de los torrentes del cielo, ese revestimiento de poder, ese Pentecostés cuyo fuego jamás se apaga, para salir de su adormecimiento, para levantarse de su desánimo, para sanarse de su esterilidad y para ir hasta los confines de la tierra, haciendo discípulos de todas las naciones.

CONCLUSIÓN

En Juan 7:39, después que Jesús habla que ríos de agua viva fluirán del interior de todo aquel que en Él cree según las Escrituras, deja claro que el Espíritu aún no había sido dado, porque Jesús aún no había sido glorificado, o sea, aún no estaba en el trono de su gloria. Una única cosa nos impide recibir la plenitud del Espíritu Santo: que Jesús no este en el trono de nuestra vida.

Cuando Jesús sube al trono de nuestra vida, el Espíritu viene sobre nosotros de manera abundante y poderosa. Pero, muchas veces, otras cosas están ocupando ese lugar. Pedimos la plenitud y la llenura del Espíritu, pero estamos repletos de pecado. Muchas veces, somos como los pozos que Isaac cavó en la tierra de los filisteos. Allí había agua buena y limpia, pero los filisteos los llenaron de tierra, y el agua dejó de manar. Si queremos ver brotar de dentro de nosotros una fuente que salte para la vida eterna, si queremos probar los ríos de agua viva fluyendo de nuestro interior, tenemos que remover de dentro de nosotros toda la basura de pecado y toda basura de impureza.

Antes que Elías subiera a la cima del monte Carmelo, mandó retirar del camino de Israel los profetas de Baal y los profetas de Asera. Antes que venga la lluvia, Baal tiene que ser retirado. Para que el fuego cayera, el altar tiene que ser restaurado. Antes que Jacob subiera a Betel, Dios le ordenó que botara los ídolos, se lavara las manos y purificara la ropa. El agua cae sobre el sediento. Los torrentes solamente caen sobre la tierra seca. El Espíritu solamente es derramado sobre los que se atreven a arreglar su vida con Dios.

Veo en el profeta Elías un modelo inspirador para guiarnos a esa búsqueda incesante, incasable, vigilante que incomoda el poder del cielo. Él vivió en un tiempo de crisis y apostasía. Pero la marca que distingue su vida fue vivir en la presencia de Dios, probar el cuidado de Dios y ser usado por el poder de lo alto. En la cima del monte Carmelo, él desafió a los profetas de Baal, se burló de ellos y de su impotente dios. Llamó a sí la multitud apóstata, restauró el altar e invocó a Dios. El fuego de Dios cayó del cielo, y el pueblo cayó de rodillas ante el Señor.

Pero Elías no se contentó con sólo mostrar el poder de Dios al pueblo. Elías quiso buscar tiempos de restauración para el pueblo. Reinaba el hambre en la tierra. La sequía de tres años y medio había acabado todo en Israel y dejado la huella de la muerte. Entonces, Elías, aun siendo hombre semejante a nosotros, bombardeó el cielo para que los torrentes de Dios vinieran e inundaran la tierra de vida. En ese caminar Elías dio seis pasos decisivos antes que la bendición viniera:

a) *Elías oyó el ruido de abundantes lluvias* — el cielo estaba despejado, no había ninguna sombra de lluvia, pero por la fe previó la proximidad de la lluvia. Él no andaba guiado por las circunstancias. Vivía por la fe. Él creyó incondicionalmente en la promesa de Dios de enviar lluvia sobre la tierra.

b) *Elías subió a la cima del monte Carmelo* — subir exige esfuerzo. Para subir, no se puede cargar peso inútil. Elías estaba determinado a subir a la presencia de Dios. Caminaba en dirección a la bendición.

c) *Elías se curvó y metió su cabeza entre las rodillas* — él no subió para mirar a los demás de arriba abajo, para creerse más cerca a los demás. No subió para mandarles piedras a los otros desde arriba. Él subió para curvarse, para humillarse, para derramar su alma delante de Dios. El camino de la victoria pasa por la puerta de la humillación.

d) *Elías oró* — él no subió para alardear de sus cualidades y las miserias del pueblo. Él subió para buscar el rostro del Dios Todopoderoso. Dios no busca críticos, sino intercesores, personas que se pongan en la brecha a favor de su pueblo. Dios no busca solamente quien señale los errores del pueblo, sino quien clame y llore por ese pueblo.

e) *Elías perseveró en oración* — él no desistió de orar porque su pedido no fue atendido de la primera a la sexta vez. Él siguió orando hasta que, a la séptima vez, algo sucedió. Si queremos un avivamiento para nuestra vida, nuestra iglesia, tenemos que perseverar en oración. Tenemos que tener fe para no desistir a la mitad del camino, para no botar las armas en la puerta de la bendición.

f) *Elías vio una pequeña señal y creyó* — para el que vive en la presencia de Dios y tiene el corazón alimentado por la fe, una pequeña señal representa una gran respuesta y desemboca en una bendición abundante. Elías creyó y los torrentes vinieron. Elías creyó e Israel supo que solamente Dios puede abrir las compuertas del cielo.

¡Oh, necesitamos confrontar el pecado y restaurar el altar de nuestra vida para que el fuego purificador de Dios inflame nuestro corazón! ¡Necesitamos subir a la presencia de Dios con humildad y orar hasta que los tiempos de restauración de parte del Señor vengan sobre nosotros!

Su opinión es importante para nosotros. Por favor, mande sus comentarios por el *e-mail* juan@editorialhagnos.com

Visite nuestro sitio web: www.editorialhagnos.com

Esta obra fue impresa en la Imprensa da Fé. São Paulo, Brasil, Otoño de 2018